NHKきょうの料理

大原千鶴の ひとり分ごはん

はじめに

いつの間にか老若男女「ひとりでごはんを食べる」ことが普通になりましたね。なんとなく寂しいとお感じになる方もいらっしゃるかもしれませんが、一日の終わりにゆっくりと食事を楽しむ自由な時間は何物にも変えられないものです。おもしろいもので、ひとりで食べると感覚が鋭くなるというか、しっかりと料理を味わえるという利点があります。当然みんなで食べるのも楽しいですしすてきなことですが、「ひとり」が寂しいわけではなく、両方を楽しみながら暮らせたらいいなと思うのです。

うちの家も家族で暮らしてはいますが、子どもが成人しますと帰宅時間や食べる時間がバラバラなので「ひとり分ごはん」が大活躍。食べるかなぁと思っていても食べなかったり、食べないはずが急に帰ってきたり。「ひとり分」対応でできたてごはんを味わえるようにしています（自分でもやってもらえるようにという意味ですよ　笑）。大人になると、家族で暮らしていてもひとりで暮らしていても「ひとり分ごはん」は本当に役に立ちます。

この本では、「ひとり分」で起こりがちな「食べきれなくて食材を無駄にする」とか「同じものを食べるのが苦痛」などのお悩みを解決しつつ、毎日の夕食が、準備も含めて生きる楽しみにつながる――そんな暮らしを目指して、おいしく楽しく続けるコツをまとめました。食べることは大切ですが、毎日のことですから無理は禁物。無理なくつくってちゃんと食べて日々を紡ぐことは、何より生きる自信につながります。

大原千鶴

ひとり分こそ、
好きなごはんを
ちゃんとおいしく

どなたでも、無理なく、楽しく続けられる、ひとり分のコツとよろこびをお伝えします

ひとり分ごはんのお品書き

第1章
ひとり分は段取りが命

ひとり分でもピタリと味を決め、調理の手間や洗い物を減らして、
食卓を上手に回すための5つの段取りを紹介します。

段取り❶

肉1パックを2品に→P.10

お買い得な肉1パックを2品の料理に仕立てます。味つけや見た目が変わるので食べ飽きず、まったく異なるメインおかずを味わえます。

段取り❷

20cmフライパン活用術→P.24

効率よく温まり味が回りやすい、小さめのフライパンが1つあれば、定番の煮物からビビンバまで、いろいろな料理がまかなえます。

段取り❸

レンチンで楽々一品→P.32

少量調理では電子レンジが大活躍。短い時間でムラなく仕上がり、食卓に出す皿で調理すれば洗い物も少なくなります。

段取り❹

調味料のうまみを味方に→P.42

めんつゆやオイスターソースのうまみと味を活用すれば、だしをひく手間なしで、うまみたっぷりの煮物や炒め物がつくれます。

段取り❺

刺身でお手軽魚料理→P.52

そのままでも火を通してもおいしい刺身は究極のスピード食材。ひとり分をつくるのが面倒な魚料理も、刺身を使えばお手軽＆おいしくでき上がります。

第2章

ひとり分こそぜいたくに

日々の食事を少し「ぜいたく」に。好きな味を好きなだけ楽しめるのがひとり分の醍醐味《だいごみ》です。

ぜいたく❶

至福のひとりエスニック→P.62

本当は大好きだけれど家族や友人に遠慮している人も多いパクチーやココナツミルクの味わいも、ひとり分なら思う存分堪能できます。

ぜいたく❷

小粋なひとり晩酌→P.68

ひとりで楽しむ長い夜は、気のきいたつまみをお酒のお供に。味つきの食材をとり入れて、ほろ酔いでもつくれるような簡単なものを集めました。

ぜいたく❸

芯から温まるひとり小鍋→P.74

小鍋料理は湯気と香りで食卓が華やぎ、おなかも心もポカポカに温めてくれます。たっぷりの野菜とたんぱく質を同時にとれ、〆《しめ》まで楽しめます。

第3章

ひとり分でも始末の心

無駄なく端まで使いきる「始末」の心は、家計と地球にやさしく、献立の助けになります。

始末の心❶

組み合わせ自在のつくりおき→P.82

冷蔵庫に副菜を常備しておくと、献立が簡単に組み立てられます。主菜と組み合わせても、副菜どうしで盛り合わせてもおいしい、万能つくりおきおかずの提案です。

始末の心❷

大根1本使いきり→P.88

メインおかずにおやつに漬物に。捨てるところのない大根は毎日の食卓を支えてくれます。ひとり分ずつでも、1本丸々使いきれるレシピ集です。

この本の使い方

- この本は『ＮＨＫきょうの料理』２０２３年４月号から２０２４年３月号まで連載した「ムリなく楽しく！ 大原千鶴のひとりごはん」をベースに、新しいレシピを加え、再編集したものです。放送用のテキストではありません。
- 材料表の下のエネルギー、塩分は、特にことわりのないかぎり、およその１人分の数値です。時間はおよその調理時間です。
- この本で使用している計量カップは２００㎖、計量スプーンは大さじ１＝15㎖、小さじ１＝５㎖です。１㎖は１㏄です。
- この本で使用している「だし」は、特にことわりのないかぎり、昆布・かつお風味のだしです。
- この本で使用している「顆粒《かりゅう》チキンスープの素《もと》（中華風）」は、鶏ガラスープの素などとして市販されているものです。
- この本で使用している「粉とうがらし」は、韓国産の辛みが穏やかなものです。
- 電子レンジやオーブントースター、フードプロセッサー、ハンドブレンダー、魚焼きグリル、炊飯器などの調理器具は、各メーカーの使用説明書などをよくお読みのうえ、正しくお使いください。
- 加熱調理の際にアルミ箔《はく》やラップを使用する場合は、使用説明書に記載の耐熱温度などを確認のうえ、正しくお使いください。
- 保存に使う瓶や保存容器は、消毒したものをお使いください。また、食べごろや保存期間は目安です。季節や保存環境によって変わることがあります。

【目次】

第1章 ひとり分は段取りが命

肉1パックを2品に

20cmフライパン活用術

レンチンで楽々一品

芯から温まるひとり小鍋（〆とともに）

第3章 ひとり分でも始末の心

組み合わせ自在のつくりおき

大根1本使いきり

Column

第1章 ひとり分は段取りが命

ひとり分ごはんはガバッとたくさんつくると飽きますし余るので、少し控えめにつくるのがコツです。お肉も1パックを2回に分けて。それも味や食感が全然違う料理にアレンジ。道具も20㎝フライパンとふたさえあればほとんどの料理がつくれますし、電子レンジはひとり分にはとても便利。少ない道具や調味料をいかにうまく使いこなすかが、とても大切になってきます。最小限の作業で最大限のおいしさを。段取りと楽しむ気持ちがいちばんのスパイスかもしれません。

段取り①

肉1パックを2品に

一度に使いきれない量の肉は、1パックを2回に分けて楽しむと、無駄なく経済的。合わせる食材や調理法で料理の仕立てを変えれば、いつも新鮮な気持ちで味わえます。

豚の青じそしょうが焼き

たれがトロッとからんだしょうが焼きは、粉使いがポイント。
青じその爽やかさで、後味はさっぱり軽やかです。

1パック（6枚・260g）

材料（1人分）

豚ロース肉（しょうが焼き用）
… 1/2パック（3枚／130g）

しょうが（すりおろす）
… 小さじ1

青じそ … 5枚

蒸しキャベツ* … 適宜

●片栗粉・ごま油・みりん・
うす口しょうゆ

500kcal | 塩分**3.0**g | **10**分

＊ちぎったキャベツ約100gを耐熱皿にのせて水大さじ1をふり、ふんわりとラップをして電子レンジ（600W）に1分30秒〜2分間かけたもの。

1 青じそは1cm幅に切る。豚肉は片栗粉大さじ1をまぶす（写真）。

2 フライパンにごま油小さじ2を中火で熱し、豚肉を広げ入れる。片面が焼けたら上下を返し、合わせて3分間ほど火を通す。

3 みりん大さじ2、うす口しょうゆ大さじ1を加えて煮詰める。トロッとしたらしょうがを加えて全体にからめ、火を止める。青じそを加え、ざっと混ぜる。

4 器に盛り、あれば蒸しキャベツを添える。

豚肉に片栗粉をまぶしておくとたれがからみやすく、とろみがつく。たれにつけておかなくても味がなじみ、時短にもなる。

ミルフィーユカツ

1パック（6枚・260g）

サクサクの衣を割れば、チーズがトロリ。
塩とレモンだけでさっぱりいただくもよし、ソースでガッツリご飯に合わせるもよし。

材料（1人分）

豚ロース肉（しょうが焼き用）
　… 1/2パック（3枚／130g）

青じそ … 4枚

スライスチーズ
　（溶けるタイプ／半分に切る）… 1枚分

A［ 小麦粉・水 … 各大さじ1

パン粉（乾／細目）… 適量

キャベツ（せん切り）… 適量

レモン … 1/2コ

粗塩 … 少々

ウスターソース … 適宜

●塩・黒こしょう（粗びき）・米油

680kcal ｜ 塩分2.0g ｜ 15分

1　バットに豚肉を広げ、塩・黒こしょう各少々を片面にふる。豚肉2枚に青じそとチーズを等分にのせる（写真）。チーズをはさむようにして豚肉3枚を重ねる。

2　よく溶いた**A**を全体に塗り、パン粉をまぶす。

3　フライパンに**2**を入れて米油大さじ3〜4をまんべんなくかけ、中火で約3分間揚げ焼きにする。上下を返し、さらに2分間揚げ焼きにして油をきる。

4　キャベツとともに器に盛り、レモンと粗塩を添える。好みでウスターソースをつけて食べる。

豚肉1枚に青じそ2枚とチーズ1切れをのせ、もう1枚も同様にする。重ねて揚げれば、塊肉のようなボリュームが出る。

豚こま切れ肉で

ペッパー豚丼

1パック(300g)

柔らかく煮た豚肉とたまねぎは“鉄板”の組み合わせ。
たっぷりこしょうをふると、味にメリハリがつきます。

材料(1人分)

豚こま切れ肉 … 1/2パック(150g)
たまねぎ … 1/2コ(100g)

A
- みりん … 大さじ2
- うす口しょうゆ … 大さじ1
- しょうが(みじん切り)・にんにく(すりおろす) … 各少々

ご飯(温かいもの) … 適量
●黒こしょう(粗びき)

830kcal | 塩分3.0g | 10分

1 たまねぎは縦に1cm幅に切る。豚肉は大きければ食べやすく切る。

2 フライパンにたまねぎを入れて豚肉を広げながらのせ、**A**を順に加える。ふたをして中火にかけ、時々菜箸で混ぜながら5分間ほど煮て(写真)、豚肉に火を通す。

3 器にご飯を盛って**2**を煮汁ごとのせ、黒こしょうをたっぷりふる。

豚肉の色が変わってきたら、軽く混ぜて全体に火を通す。煮汁にうす口しょうゆを使い、きれいな色味に。

紅しょうが豚天

1パック（300g）

クルクルと巻いて揚げると、こま切れ肉がジューシーかつボリューミーに。
ピーマンやチーズを巻いてもおいしいけれど、ここでは関西好みの紅しょうが天に。

材料（1人分）

豚こま切れ肉 … 1/2パック（150g）
紅しょうが（細切り） … 20g
ししとうがらし … 3本
A［ 小麦粉・水 … 各大さじ2
花椒（ホワジャオ）塩 … 適宜
●塩・こしょう・米油

570kcal｜塩分**2.5**g｜**15**分

1 ししとうがらしはヘタを除き、竹串で数か所に穴を開ける。

2 まな板に豚肉を5等分にして広げ、紅しょうがを等分にのせて巻く（写真）。塩・こしょう各少々をふる。よく溶いた**A**にくぐらせる。

3 フライパンに米油大さじ4を中火で熱し、**2**を入れる。豚肉が白くなってきたらあいているところに**1**を加え、上下を返しながら6分間ほど揚げ焼きにする。油をきってししとうがらしに塩少々をふり、豚天は半分に切る。器に盛り合わせ、あれば花椒塩を添える。

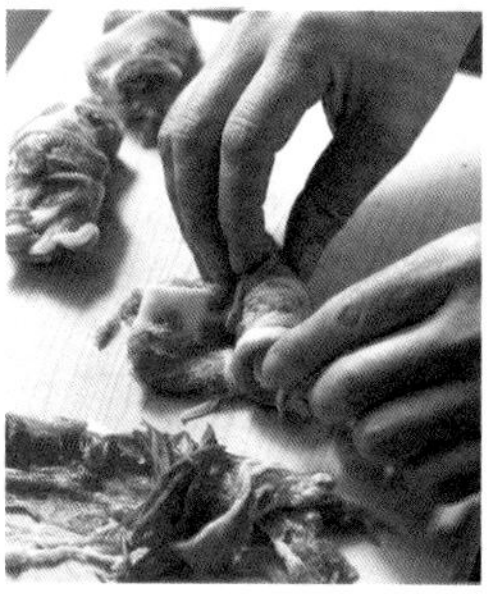

紅しょうがを豚肉の真ん中にのせて端からクルクルと巻く。

鶏の治部煮風

本来は鴨《かも》肉でつくる加賀の郷土料理を鶏肉でつくりやすく。
とろみがついた煮汁がおねぎにもからんで口当たりよし。

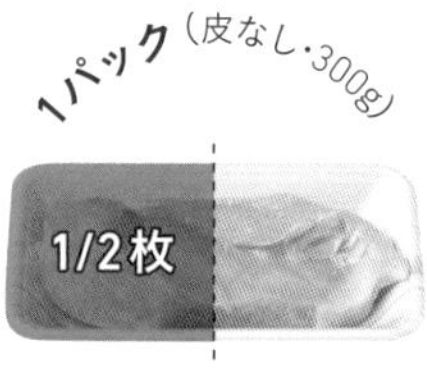

材料（1人分）

鶏むね肉（皮なし）… 1/2枚（150g）
ねぎ … 1本（100g）
焼き豆腐 …（小）1/2丁（100g）

A
- だし … カップ1
- うす口しょうゆ … 大さじ1
- みりん … 大さじ1/2

粉ざんしょう … 適宜
●片栗粉

340kcal | 塩分**3.2**g | **10**分

1 ねぎは1cm幅の斜め切りにする。焼き豆腐は食べやすく切る。鶏肉は1cm厚さのそぎ切りにする。

2 フライパンに**A**とねぎ、焼き豆腐を入れて中火にかける。ねぎがしんなりとしたら、鶏肉に片栗粉大さじ1をまぶしながら加える（写真）。時々上下を返しながら2～3分間煮て、鶏肉に火が通って全体にとろみがついたら煮汁ごと器に盛る。好みで粉ざんしょうをふる。

片栗粉をまぶすとパサつきがちなむね肉がしっとりし、煮汁にもとろみがつく。

材料（1人分）

鶏むね肉（皮なし）… 1/2枚（150g）

塩こうじ* … 大さじ1

梅ソース

［梅肉 … 小さじ1
　砂糖・うす口しょうゆ・水
　　… 各小さじ1/2

A［小麦粉・水 … 各大さじ2

パン粉（乾／細目）… 適量

レタス（せん切り）… 適量

●米油

500kcal ｜ 塩分**3.7**g ｜ **15**分**

*甘酒（米こうじでつくったもの／ストレートタイプ）に塩少々を足したものでもよい。
**鶏肉に塩こうじをまぶしておく時間は除く。

1 鶏肉は1.5cm厚さのそぎ切りにし、塩こうじを全体にまぶして1時間以上おく（写真）。梅ソースの材料は混ぜ合わせる。

2 **1**の鶏肉をよく溶いた**A**にくぐらせ、パン粉をまぶす。

3 フライパンに米油大さじ4を中火で熱し、**2**を入れる。表面が固まってきたら、菜箸で上下を返しながら3分間ほど揚げ焼きにして油をきる。器にレタスを敷き、チキンカツを盛って梅ソースをかける。

塩こうじで風味をつけつつ、鶏肉を柔らかくする。この状態で、冷蔵庫で2日間保存できる。

塩こうじチキンカツ 梅ソース

1パック（皮なし・300g）

塩こうじのほのかな甘みを感じる、サクサクの絶品チキンカツです。
爽やかな梅ソースでいただきます。

鶏もも肉で

鶏と厚揚げの
オイスターケチャップ炒め

1パック（400g）

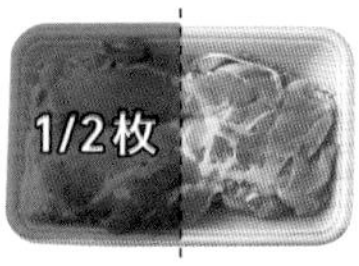

オイスターソースとケチャップでパッと味が決まる炒め物です。
鶏肉と厚揚げは一口大で火通りよく、どちらもふっくら柔らかく仕上げます。

材料（1人分）

鶏もも肉 … （大）1/2枚（200g）
厚揚げ（絹ごし） … 1枚（120g）
A［ オイスターソース・トマトケチャップ … 各小さじ2
きゅうり（5mm角に切る） … 少々
●塩・こしょう・米油

570kcal ｜ 塩分2.7g ｜ 10分

1 厚揚げは一口大に切る。鶏肉は一口大のそぎ切りにし（写真）、塩・こしょう各少々をふる。

2 フライパンに米油小さじ1を中火で熱し、鶏肉を入れる。ふたをして1分間焼き、上下を返す。厚揚げを加え、もう一度ふたをして、時々厚揚げの上下を返しながら3分間焼く。

3 鶏肉に火が通ったらふたを取り、**A**を加えて炒め、全体にからめる。器に盛り、きゅうりを散らす。

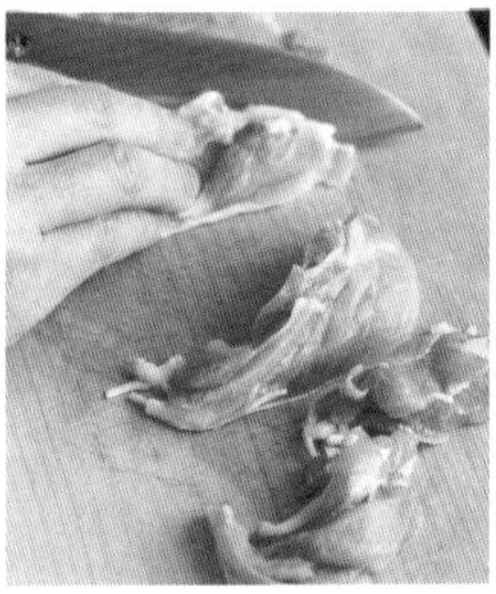

鶏肉はそぎ切りにすると火通りが均等になり、炒めやすい。

レンチン蒸し鶏

もも肉の蒸し鶏は程よくジューシーでしっとり。
好みの野菜をトッピングし、バンバンジー風でいただきます。

1パック（400g）

材料（1人分）

鶏もも肉 … （大）1/2枚（200g）

トッピング

- きゅうり（細切り）・たまねぎ（薄切り） … 各適量
- 粉とうがらし* … 適宜

ごまドレッシング（市販） … 適量

●塩・こしょう・酒

400kcal ｜ 塩分1.7g ｜ 15分**

*なければ一味とうがらし、すりごま、黒こしょうなどの家にある好みの香辛料でよい。
**冷めるまでおく時間は除く。

1 鶏肉は塩・こしょう各少々をふる。耐熱容器に皮側を下にして入れ、酒大さじ1をふりかける。ふんわりとラップをし、電子レンジ（600W）に3分間かける。

2 中まで加熱されているかを確かめ、足りなければしっかりと加熱されるまで、さらに電子レンジに30秒間ずつかける。ラップをしたまま冷めるまでおく。

3 **2**を食べやすく切って器に盛る。トッピングの野菜は水にサッとさらし、水けをきって鶏肉にのせる。あれば粉とうがらしをふり、ごまドレッシングを添える。

フルフル茶碗蒸し

1パック(3本)

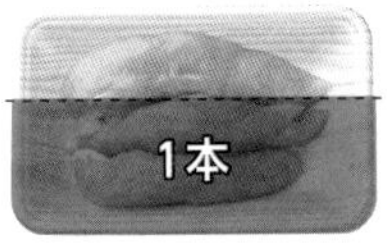

蒸し器いらずで簡単な、鶏のうまみがしみる茶碗蒸しです。
卵をしっかり溶けば、こさなくてもちゃんとフルフルなめらかに。

材料(1人分)

鶏ささ身 … 1本(50〜60g)
卵 … 1コ
A ┌ 水 … カップ3/4
　│ うす口しょうゆ … 小さじ1
　└ 塩 … 1つまみ
生しいたけ … 1枚
みつば … 適宜

130kcal | 塩分**2.2**g | **15**分*

*ささ身を冷ます時間、茶碗蒸しをおく時間は除く。

1 フライパンにささ身と**A**を入れ、ふたをして中火にかける。沸いてきたら上下を返し、もう一度ふたをして1分間ゆでる。火を止めて冷ます。

2 ささ身は筋を取りながら食べやすくほぐし、ゆで汁に浸す。しいたけは石づきを除き、半分に切る。

3 耐熱容器に卵を割り入れて菜箸でしっかりと溶き混ぜる。**2**のささ身をゆで汁ごと加え(写真)、混ぜる。しいたけをのせる。

4 フライパンを洗ってアルミ箔を敷き、**3**を置く。容器の1/3の高さまで水を注いでふたをし、中火にかける。沸いてから1分間ほど蒸して卵液の表面が白くなってきたら、容器に耐熱の小皿をのせ、さらにもう一度ふたをして1分間蒸す。火を止めてそのまま15分間おく。好みでみつばをあしらう。

ささ身のゆで汁をだしがわりに使う。きれいに仕上げたいときは、卵液の表面の泡をスプーンですくって除くとよい。

特製タルタルは
後味軽やか

チキン南蛮

衣をつけて焼きつければ、ささ身も
ジューシーなボリュームおかずに変身します。

1パック（3本）

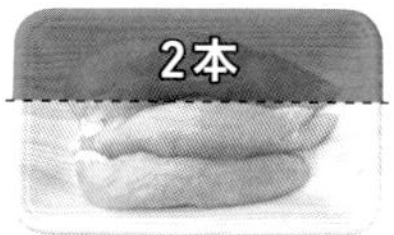

材料（1人分）

鶏ささ身 … 2本（100〜120g）
卵 … 1コ

A
- マヨネーズ … 50g
- たまねぎ・好みのピクルス*（各みじん切り）… 各15g

B
- 小麦粉・水 … 各大さじ2

レタス（細切り）… 適量
すし酢（市販）** … 小さじ1
ミニトマト（半分に切る）… 2コ分
●塩・こしょう・ごま油

660kcal ｜ 塩分2.8g ｜ 15分

*好みの漬物でもよい。
**らっきょう酢などの好みの調味酢、または米酢小さじ1と砂糖小さじ1/2を混ぜたものでもよい。

1 フライパンに卵を割り入れ、水カップ1/4を加えてふたをする。弱火で黄身がしっかりと固まるまで約3分間蒸し焼きにする。取り出して粗く刻み（写真①）、**A**とともにボウルに入れてよく混ぜる（タルタルソース）。

2 ささ身は筋を取って3〜4等分のそぎ切りにし、塩1つまみ、こしょう少々をふってもむ。焼く直前によく溶いた**B**をしっかりとからめる。

3 フライパンを洗ってごま油大さじ1/2を弱火で熱し、ささ身を並べ入れ、ふたをして3分間焼く。上下を返し（写真②）、ふたをせずに2分間焼く。

4 器にレタスを敷いて**3**を盛り、すし酢を回しかける。ミニトマトを添えて**1**のタルタルソースをかける。

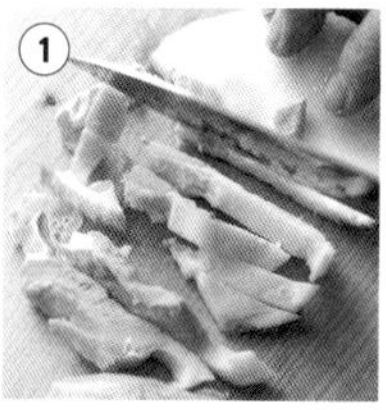

タルタルソースは目玉焼きでつくると刻みやすく、短時間で1人分をつくれる。

直径20cmのフライパンを使うと、少量の油でも効率よく回って焼きやすい。

牛こま切れ肉で

肉豆腐

ポロポロにいりつけた牛こまを温かい豆腐にのっけて。
ラー油の辛みがアクセントになり、箸が止まらないおいしさ。

1パック（200g）

材料（1人分）

牛こま切れ肉 … 1/2パック（100g）
充てん豆腐* … 1丁（150g）
A ［ 砂糖・しょうゆ … 各大さじ1
　 にんにく（すりおろす） … 小さじ1/4
ラー油・細ねぎ（小口切り）・白ごま
　… 各少々

440kcal ｜ 塩分**2.7**g ｜ **5**分

＊豆乳とにがりをパックに充てんしてから、高温加熱してつくられる豆腐。日もちがよく、絹ごし豆腐のようになめらか。

1　牛肉は食べやすい大きさに切る。フライパンに牛肉と**A**を入れて中火でいりつける（写真）。

2　豆腐を耐熱の器に盛り、ふんわりとラップをして電子レンジ（600W）に1分30秒間かける。

3　**2**に**1**をのせる。ラー油を回しかけ、細ねぎと白ごまをふる。

汁けがほとんどなくなるまでいると、ほぐれてポロポロになる。

ハッシュドビーフ

自家製ハッシュドビーフがケチャップとウスターソースで簡単に。
炒めたケチャップの、かどが取れたまろやかな酸味が隠し味です。

1パック（200g）

材料（1人分）

牛こま切れ肉 … 1/2パック（100g）
たまねぎ … 1/2コ（100g）
A ［ 小麦粉・トマトケチャップ・ウスターソース … 各大さじ1
B ［ 牛乳・水 … 各カップ1/4
　　しょうゆ … 小さじ1
ご飯（温かいもの） … 適量
細ねぎ（小口切り） … 少々
●オリーブ油・塩・こしょう・バター・黒こしょう（粗びき）

760kcal ｜ 塩分**3.9**g ｜ **10**分

1　たまねぎは縦に薄切りにする。牛肉は食べやすい大きさに切る。

2　フライパンにオリーブ油小さじ2を中火で熱し、たまねぎを入れて炒める。しんなりとしたら牛肉を加え、塩・こしょう各少々をふって炒める。

3　牛肉の色が変わってきたら、バター10gを加えて炒める。バターが溶けたら**A**の小麦粉を加え、耐熱のへらで炒める（写真）。粉っぽさがなくなったらトマトケチャップを加えてなじませ、ウスターソースを加えて炒める。**B**を加え、混ぜながらとろみがつくまで2分間ほど煮る。

4　ご飯とともに**3**を器に盛る。細ねぎをのせ、好みで黒こしょう少々をふる。

粉っぽさがなくなるまでしっかりと炒め、ダマのないなめらかなソースに。

ミートソース

パン、ご飯、パスタ、何にでもよく合うミートソース！
つくりおきしておけば、忙しい朝やランチに大助かり。

材料(つくりやすい分量)*

合いびき肉 … 2/3パック(200g)
たまねぎ(粗みじん切り)
… 1/2コ分(100g)
にんにく(粗みじん切り) … 1かけ分
赤ワイン … カップ1/4
トマトの水煮(缶詰／ホールタイプ)
… 1缶(400g)
A
トマトケチャップ … 大さじ2
塩 … 小さじ1/2
砂糖 … 大さじ1
●オリーブ油・塩・こしょう

全量**780**kcal | 塩分**5.3**g | **30**分

＊でき上がり量は3食分が目安。

1 鍋にオリーブ油大さじ1を中火で熱し、たまねぎとにんにくをしんなりとするまで炒める。赤ワインを加え、沸いてから1分間煮てアルコールをとばす。ひき肉、塩1つまみ、こしょう少々を加えて炒める。

2 ひき肉に火が通ったらトマトの水煮、**A**を順に加える。時々混ぜながら煮て沸いてきたら弱火にし、15分間ほど煮て火を止める。

保存 冷蔵庫で**3～5**日間

ミートソースパスタ(1人分)にするときは

好みのパスタ100gを袋の表示どおりにゆでて、ミートソース150gをからめる。仕上げにオリーブ油少々を加えると、よりおいしい。

昭和のオムレツ

キッチンに広がるバターの香りが幸せな、
昔懐かしいひき肉入りのオムレツです。

材料（1人分）

合いびき肉 … 1/3パック（100g）
たまねぎ・にんじん（各みじん切り）
　… 各30g
卵 … 2コ
●米油・塩・こしょう・砂糖・しょうゆ・
　バター・トマトケチャップ

540kcal ｜ 塩分3.9g ｜ 10分

1 フライパンに米油小さじ1を中火で熱し、たまねぎ、にんじんをサッと炒める。ひき肉を加えて塩・こしょう各少々をふる。ひき肉の色が変わってきたら砂糖・しょうゆ各小さじ2を加える。さらに炒めて火を通し、取り出す。

2 ボウルに卵を割り入れて、卵白を切るようにほぐし、塩少々を加えて混ぜる。

3 フライパンを洗ってバター10gを弱めの中火で熱して溶かし、**2**の卵液を一気に流し入れる。フライパンを揺すりながら菜箸で素早くかき混ぜ、固まってきたら耐熱のへらに持ちかえる。卵に**1**をのせて包む（写真）。器に盛り、トマトケチャップ適量をかける。

フライパンの端に寄せて、両側から卵を折りたたむようにしながら形を整える。

段取り②

20cmフライパン活用術

直径20cmのフライパンは、ひとり分にピッタリなサイズ。軽くて扱いやすく、焼く・煮る・炒める、どんな調理もお手の物で使い勝手抜群です。

さけのムニエル 春菊ソース

小ぶりなフライパンなら、焼き魚1切れでも油がしっかり回ります。
外はカリッと、中はふんわり焼き上げたムニエルに、香り高いソースをかけて。

材料（1人分）

生ざけ（切り身）＊ … 1切れ（90g）
じゃがいも … 1コ（170g）
にんにく（薄切り） … 3枚

春菊ソース

春菊 … 1～2株（30g）
バター … 10g
うす口しょうゆ・レモン汁 … 各小さじ1

●塩・小麦粉・オリーブ油

350kcal ｜ 塩分1.8g ｜ 20分

＊すずきやかれい、いさきなどでもおいしい。

1 じゃがいもは洗って皮付きのままラップで包み、電子レンジ（600W）に5分間ほどかける。春菊は粗みじん切りにする。さけは小骨を抜き、塩小さじ1/8をふって冷蔵庫に5分間おく。出てきた水けを拭き、焼く直前に小麦粉小さじ1をまぶす。

2 フライパンにオリーブ油大さじ1/2とにんにくを中火で熱し、さけを加えて油をかけながら焼く（写真①）。さけの色が8割方白くなったら上下を返し、さらに油をかけながら焼く。表面がカリッとして火が通ったら取り出す。
◉にんにくは色づいたら、焦げないうちに取り出す。

3 春菊ソースをつくる。**2**のフライパンに春菊を入れて中火でしんなりとするまで炒める。バターを加えて溶かし、うす口しょうゆ、レモン汁を加える（写真②）。少しとろみがついたら、火を止める。

4 **1**のじゃがいもを手でザックリと割って、**2**のさけとともに器に盛る。**3**の春菊ソースをかけ、**2**のにんにくをのせる。

①スプーンで全体に油をかけながら焼くと表面がカリッと香ばしくなる。
②レモン汁の風味で春菊のくせをやわらげる。

片面8割、
返して2割の
火入れでふっくら

牛丸れんこん煮

丸（がん）とは、丸く柔らかくまとめてだんごにしたもののこと。
片栗粉をまぶして煮ることで、ふんわり、つややかに仕上がります。

材料（1人分）

牛こま切れ肉 … 100g
れんこん … 100g
A 水 … カップ1/2
　砂糖・しょうゆ … 各小さじ2
B 塩 … 1つまみ
　こしょう … 少々
　片栗粉 … 大さじ1
米酢 … 小さじ1/4
細ねぎ（小口切り） … 適宜

400kcal ｜ 塩分**3.0**g ｜ **15**分

1 れんこんは皮をむいて、1cm厚さの輪切りにする（大きければ半月形に切る）。

2 フライパンにれんこんを並べ入れて**A**を加える。ふたをして中火にかけ、沸いたら火を少し弱める。5分間ほど煮て火を通す。

3 牛肉に**B**を順にまぶし、手で軽くもんでなじませ、一口大に丸めながら**2**に加える（写真）。ふたをして弱火にし、2～3分間蒸し煮にする。ふたを外し、煮汁を全体にからめながら少し煮詰める。米酢を加えてざっと混ぜる。器に盛り、あれば細ねぎをのせる。

こま切れ肉は一口大にまとめてボリュームを出し、ごちそうに。鍋の中の様子を見やすいフライパンは、煮物にも向く。

ポークチャチャップ

肉も付け合わせもソースも、
フライパンひとつでチャチャッとでき上がり！
ケチャップソースは砂糖で酸味を抑えたまろやかな味わいです。

材料（1人分）

豚肩ロース肉（豚カツ用）
　…1枚（130〜150g）
たまねぎ（縦に薄切り）
　…1/2コ分（100g）
ブロッコリー（小房に分ける）…30g
A
　水…カップ1/2
　トマトケチャップ…大さじ2
　ウスターソース…大さじ1/2
　砂糖・しょうゆ…各小さじ1/2
ご飯（温かいもの）…適量
●塩・こしょう・小麦粉・オリーブ油・黒こしょう（粗びき）

660kcal｜塩分**3.0**g｜**10**分

1 豚肉は筋を切り、塩・こしょう各少々をまぶす。焼く直前に小麦粉適量をまぶす。

2 フライパンにオリーブ油小さじ2を中火で熱し、豚肉を入れる。あいているところにたまねぎを加え、その上にブロッコリーをのせてふたをする（写真）。3分間焼いてブロッコリーを取り出す。豚肉とたまねぎの上下を返し、ふたをしてさらに2分間焼く。

3 **A**を順に加え、全体になじむまで1〜2分間煮る。器にご飯とともに盛り、ブロッコリーを添える。好みで黒こしょうをふる。

1人分なら、20cmフライパンで肉も野菜も一緒に調理できて、主菜も付け合わせも同時に完成！

京風親子丼

フワフワ親子丼のコツは、
フライパンを揺すりながら卵に火を入れること。
“かしわ”をトロッと卵でとじたやさしい味です。

材料（1人分）

鶏もも肉 … （小）1/2枚（100g）
溶き卵 … 2コ分
たまねぎ … 1/4コ（50g）
A ［ だし … カップ1/2
　　うす口しょうゆ・みりん … 各大さじ1
揚げ玉 … 大さじ2
ご飯（温かいもの） … 適量
粉ざんしょう … 少々
みつば … 適宜

（**750**kcal ｜ 塩分**3.6**g ｜ **20**分）

1 たまねぎは縦に薄切りにする。鶏肉は小さめの一口大に切る。

2 フライパンに**1**と**A**を入れて中火で煮る。鶏肉に火が通ったら揚げ玉を加え（写真）、溶き卵を回し入れる。フライパンを揺すりながら半熟状に仕上げる。
◉卵が鍋肌にくっつきにくい、表面加工のしてあるフライパンがおすすめ。

3 器にご飯を盛り、**2**をのせる。粉ざんしょうをふり、あればみつばをあしらう。

だしを吸った揚げ玉が卵に混ざるとフワフワに。

お好み焼き

キャベツの甘みをしっかり感じる定番のお好み焼きです。
20cmフライパンは、きれいに真ん丸く焼くのにピッタリ！

材料（1人分）

キャベツ … 1/8コ（200g）
豚バラ肉（薄切り） … 4枚（80g）
A［小麦粉 … 70g
　 片栗粉 … 大さじ1
卵 … 1コ
だし … 70mℓ
揚げ玉 … 大さじ2
青のり粉・削り節 … 各適量
●米油・中濃ソース・マヨネーズ

820kcal ｜ 塩分**1.2g** ｜ **20**分

1 キャベツは7mm四方くらいの粗みじん切りにする。
◉大きさにバラつきがあってもよい。

2 ボウルに**A**を入れて泡立て器で混ぜ、卵、だしを加えてよく混ぜる。キャベツと揚げ玉を加えてさらにスプーンで混ぜる。

3 フライパンに米油小さじ1を弱めの中火で熱し、**2**を広げ入れる。豚肉を生地の上に広げてのせ、ふたをして5分間ほど焼く。上下を返し、ふたをせずに5分間焼く。器に盛ってソース適量を塗り、青のり粉、削り節をかける。マヨネーズ適量を添える。

石焼きビビンバ風

石焼きビビンバ風の一品は、好みでコチュジャンを混ぜ込み、辛さを調節してください。
取り分けて食べても、フライパンのまま食卓に出してもOKです。

材料（1人分）

A
- ご飯 … 200g
- ごま油 … 小さじ1
- 白ごま … 小さじ1/2
- 塩 … 1つまみ

B
- **もやしナムル**（下記参照） … 50g
- **豚そぼろ**（下記参照）・白菜キムチ … 各30g

青ねぎ（小口切り） … 少々
コチュジャン … 適宜

480kcal | 塩分**3.0**g | **10**分

1 フライパンに**A**を入れて耐熱のへらで混ぜる。フライパンの中で広げながら中火で3分間焼く（写真）。上下を返し、1分間ほど焼いて火を止める。

2 **B**と青ねぎ、好みでコチュジャンをのせ、よく混ぜながら食べる。

へらでフライパンに押しつけるようにして焼きつけ、香ばしいおこげ感を出す。

もやしナムル

ゆでるより、水っぽくならないレンチンで。

材料（つくりやすい分量）

もやし … 1袋（200g）
顆粒チキンスープの素（中華風） … 小さじ1
塩 … 小さじ1/4
ごま油 … 大さじ1
にんにく（すりおろす） … 少々

全量**160**kcal | 塩分**2.9**g | **5**分

1 もやしはサッと洗って水けをきる。耐熱ボウルに入れ、ふんわりとラップをして電子レンジ（600W）に3分30秒間かける。水けをきり、熱いうちに顆粒チキンスープの素、塩、ごま油、にんにくを順に加えてよく混ぜる。

保存 冷蔵庫で**3**日間

豚そぼろ

肉の味がほしいときのちょい足しに便利。

材料（つくりやすい分量）

豚ひき肉 … 100g
酒 … 大さじ1/2
しょうが（みじん切り） … 小さじ1/2
にんにく（みじん切り） … 小さじ1/4
砂糖・しょうゆ … 各大さじ1/2

全量**240**kcal | 塩分**1.4**g | **10**分

1 フライパンにひき肉、酒、しょうが、にんにくを入れてへらで練り混ぜ、ひき肉に酒を吸わせる。中火で炒め、火が通ったら砂糖、しょうゆで味を調え、煮汁がほぼなくなるまで煮詰める。

保存 冷蔵庫で**3**日間

立ち上る香りと湯気も
おいしさの一部です

段取り③

レンチンで楽々一品

短い時間で温められるひとり分ごはんはレンチンの得意分野です。熱い火口に立たずにパッと一品ができ、鍋の洗い物も減って後片づけまで楽チンです。

かぼちゃのバター蒸し

そのまま食べてもおいしく、次の日にはサラダにスープにと
大活躍するおかずです。バターの風味でかぼちゃ本来の甘みが引き立ちますよ。

材料（つくりやすい分量）

かぼちゃ … 1/4コ（約400g）

●バター

全量**350**kcal ｜ 塩分**0.2**g ｜ **10**分

1　かぼちゃはワタを取る。耐熱皿にのせ、くぼみにバター10gをのせる。ふんわりとラップをして（写真）、電子レンジ（600W）に8分間ほど、様子を見ながら竹串がスッと通るまでかける。

かぼちゃのくぼみの部分でバターを溶かして、風味をしみ込ませる。

すぐに食べるときは

食べやすい大きさの角切りにし、耐熱皿の中でしょうゆ適量を回しかけ、底にたまったバターとともに熱いうちに全体にからめる。器に盛り、好みで黒こしょう（粗びき）少々をふる。

かぼちゃときゅうりのマヨサラダ

ホクホクのかぼちゃにマヨネーズがからんで、たまらないおいしさ！

材料（1人分）

かぼちゃのバター蒸し（P.32参照／
　味つけしていないもの）… 1/4量（約100g）
きゅうり … 1/2本
クミンシード … 適宜
●塩・マヨネーズ

190kcal ｜ 塩分**0.6**g ｜ **5**分＊

＊きゅうりに塩をしておく時間は除く。

1 きゅうりは薄い輪切りにし、塩少々をまぶす。5分間ほどおき、水けを絞る。

2 ボウルにかぼちゃのバター蒸しを入れ、フォークの背で皮ごとつぶしながら、**1**とマヨネーズ大さじ1を加えてよく混ぜる。器に盛り、あればクミンシードをふる。

かぼちゃの冷製スープ

自然な甘みでサラッと飲めるスープも、レンチンかぼちゃで簡単に。

材料（1人分）

かぼちゃのバター蒸し（P.32参照／
　味つけしていないもの）… 1/4量（約100g）
牛乳 … カップ1/2
●塩

140kcal ｜ 塩分**1.2**g ｜ **5**分

1 かぼちゃのバター蒸しはスプーンで実をこそげてボウルに入れ、マッシャーでつぶす（皮は好みで飾り用にとっておく）。

2 牛乳を加えて混ぜ、塩1つまみで味を調えて器に注ぐ。好みでかぼちゃの皮少々をひし形に切ってあしらう。

なすと豚のポン酢蒸し

疲れた体をさっぱり癒やしてくれるポン酢風味の一皿。
ごま油とねぎの香りが食欲をそそります。

材料（1人分）

なす … 1コ（100g）
豚肩ロース肉（薄切り）… 80g

A 片栗粉 … 小さじ1/2
塩・こしょう … 各少々

B ポン酢しょうゆ … 小さじ2
ごま油 … 小さじ1/2

青ねぎ（小口切り）… 少々
粉とうがらし … 適宜

240kcal ｜ 塩分1.4g ｜ 10分*

*なすを水にさらす時間は除く。

1 なすはヘタを除き、縦に5mm厚さに切る。水に5分間ほどさらし、ざるに上げて水けをきる。

2 ボウルに豚肉と**A**を入れてもみ込む。

3 耐熱の器に**1**のなすを並べ、**2**の豚肉をのせて**B**をかける（写真）。ふんわりとラップをして電子レンジ（600W）に4～5分間かける。途中一度取り出して肉をざっと混ぜ、均一に温まるようにする。青ねぎをのせ、あれば粉とうがらしをふる。

さっぱりしたポン酢味に、ごま油でコクをプラス。豚肉のうまみがなすに行き渡るよう、豚肉を上にしてレンチンする。

鶏むね肉のチャーシュー

レンチン鶏チャーシューは、断然むね肉がおすすめ。
後口がさっぱりとしたヘルシーなごちそうになります。

材料（1〜2人分）

鶏むね肉 … 1枚（300g）

A
- 酒・しょうゆ … 各小さじ2
- 砂糖 … 小さじ1
- にんにく（すりおろす）… 少々

付け合わせ

レタス（ちぎる）・
トマト（1cm角に切る）・
青じそ・マヨネーズ … 各適宜

180kcal* ｜ 塩分**1.2**g* ｜ **10**分**

＊付け合わせは除く。
＊＊冷蔵庫におく時間、冷ます時間は除く。

1 鶏肉は皮があれば除き、フォークで全体をまんべんなく刺す（写真①）。

2 耐熱容器に鶏肉を入れ、**A**を加えてもみ込む。時々上下を返しながら、冷蔵庫に15分間おく。

3 ふんわりとラップをして電子レンジ（600W）に3分間かけ、上下を返す。もう一度ラップをしてさらに電子レンジに3分間かける。完全に中まで温まっているか確かめ（写真②）、そのままおいて完全に冷ます。薄切りにして器に盛り、好みの付け合わせを添える。

フォークでまんべんなく穴を開けて、中まで温まりやすく、味がしみやすくする。

菜箸などで押してみて、しっかり弾力があるかどうかを確認する。

2回レンチンで、
まんべんなくしっとり

さばのしょうゆ煮

1切れでつくる煮魚は、レンチンが何より手軽でふっくら。
しょうがをきかせてキリッと“男前”に仕上げます。

材料（1人分）

さば（三枚におろしたもの）
…1/2匹分（150g）

しょうが（薄切り）…10g

A［ 酒…大さじ2
　 砂糖・しょうゆ…各大さじ1

青ねぎ（小口切り）…少々

●塩・ごま油

390kcal ｜ 塩分**3.6**g ｜ **5**分*

＊さばに塩をしておく時間は除く。

1 さばは塩小さじ1/6をふって冷蔵庫に10分間以上おき、出てきた水けを拭いて小骨を抜く。**A**は混ぜ合わせる。

2 耐熱の器にさばを皮を下にして入れる。**A**をかけてしょうがをのせ、ふんわりとラップをして、電子レンジ（600W）に3分間ほどかけ、さばを中まで完全に温める。青ねぎをあしらい、好みでごま油少々をかける。

具材を重ねて包み、
あとはレンジに
おまかせ

材料（1人分）

たい（切り身）… 1切れ（70g）
たまねぎ（1cm厚さに切る）
　… 1切れ（40g）
トマト（くし形に切る）
　… 1/2コ分（80g）
にんにく（薄切り）… 2枚
A［ オリーブ油・白ワイン（または酒）
　　… 各小さじ1
レモン（くし形に切る）… 1切れ
●塩・黒こしょう（粗びき）

160kcal ｜ 塩分**1.4**g ｜ **5**分*

*たいに塩をしておく時間は除く。

1 たいは塩小さじ1/8弱をふって冷蔵庫に10分間以上おき、出てきた水けを拭く。

2 耐熱の器にオーブン用の紙を広げ、たまねぎ、たい、トマト、にんにくを順にのせる。**A**を全体にかけ、トマトに塩1つまみをふり、黒こしょう少々をふる（写真）。紙を折りたたんで包み、両端をひねってとめる。

3 たいが完全に温まるまで電子レンジ（600W）に3分間ほどかけて取り出し、レモンを添える。

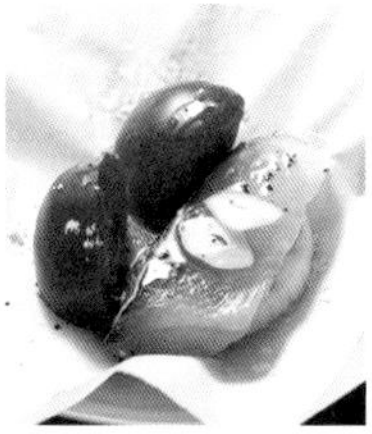

トマトに塩をふって、うまみたっぷりの汁けを引き出す。

レンチンアクアパッツァ

アクアパッツァもレンチンでつくれるなら、
とたんに身近なイメージになりませんか？
魚のうまみが詰まった蒸し汁まで、余さずいただきましょう。

キャベツの塩そぼろ

手軽なご飯のおかずが欲しいときは、レンチンそぼろをどうぞ。
みずみずしいキャベツとジューシーな牛ひき肉が好相性です。

材料(1人分)

キャベツ … 2〜3枚(150g)
牛ひき肉 … 80g
A ┌ 酒 … 小さじ2
　　│ 塩 … 小さじ1/4
　　└ にんにく(すりおろす) … 少々
豆板醤(トーバンジャン) … 適宜
●ごま油

(**270**kcal | 塩分**1.7**g | **5**分)

1 キャベツは2〜3cm幅のザク切りにする。

2 耐熱ボウルにひき肉と**A**を入れて混ぜる。キャベツをのせ(写真)、ごま油小さじ1を回しかける。ふんわりとラップをして電子レンジ(600W)に3分間かける。よく混ぜて器に盛り、好みで豆板醤をのせる。

キャベツの水分でひき肉をしっとり蒸し上げる。

レンチン春雨サラダ

たっぷり野菜がうれしい中華風味のサラダです。
春雨は甘酢にサッと浸してレンチンすると、驚くほど味がしみますよ。

材料（1～2人分）

春雨（乾）… 50g
きゅうり … 1本
ロースハム（薄切り）… 1～2枚（40g）
ミニトマト … 8コ

A
- 水 … カップ3/4
- 砂糖・うす口しょうゆ・米酢 … 各大さじ2
- 顆粒チキンスープの素（中華風）… 小さじ1/2

白ごま … 少々
溶きがらし … 適宜
●ごま油

210kcal ｜ 塩分**3.7**g ｜ **15**分*

＊粗熱を取る時間、冷ます時間は除く。

1　きゅうりとハムはそれぞれ細切りにする。ミニトマトは半分に切る。

2　耐熱ボウルに**A**を入れて混ぜ、春雨を加えて浸す（写真）。ふんわりとラップをして電子レンジ（600W）に5分間かけ、そのままおいて粗熱を取る。

3　**2**がほんのり温かいうちにきゅうりとごま油少々を加えてざっと混ぜておき、冷めたらミニトマトとハムを加えて混ぜる。器に盛って白ごまをふり、あれば溶きがらしを添える。
◉温かいうちにきゅうりを加えると、しんなりとして食べやすくなる。

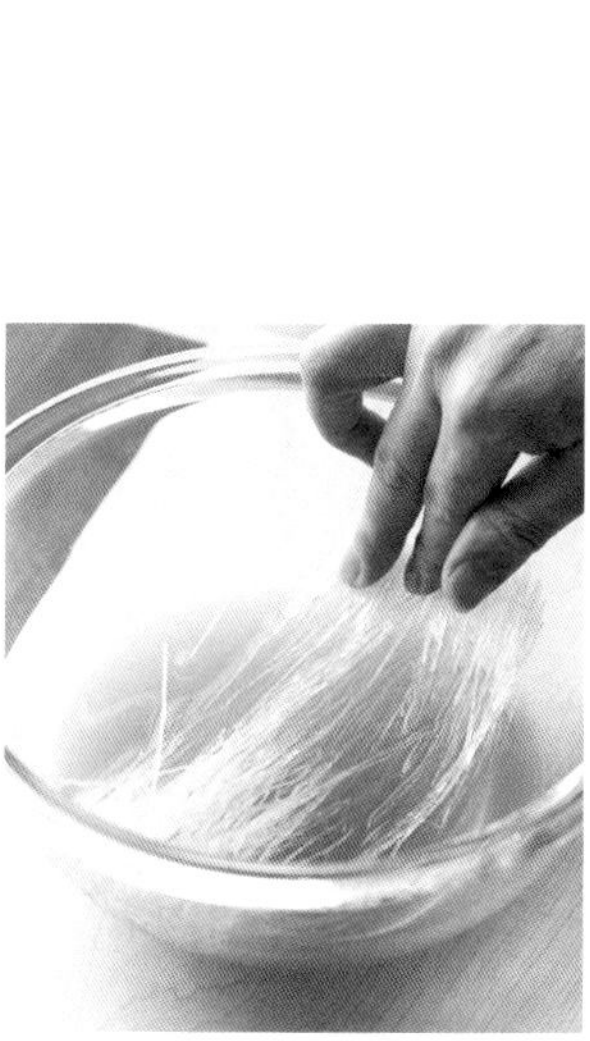

春雨につけ汁をからめておけば、全体が完全に浸っていなくてもOK。

皮がいらない
野菜まみれの
シューマイです

レタスシューマイ

体にやさしいヘルシーなシューマイ。
レタスのかわりに白菜やキャベツなどの、旬の葉野菜でもおいしくつくれます。

材料（6コ分）

レタス … 2〜3枚（約100g）

肉ダネ

- 豚ひき肉 … 100g
- 充てん豆腐* … 1/2丁（約70g）
- たまねぎ（みじん切り）・片栗粉 … 各大さじ1
- オイスターソース … 小さじ1
- しょうが（みじん切り）・ごま油 … 各小さじ1/2

からし酢じょうゆ

- 米酢 … 小さじ2
- しょうゆ … 小さじ1
- 溶きがらし … 少々

●小麦粉

1コ分**55**kcal ｜ 塩分**0.3**g ｜ **15**分

*豆乳とにがりをパックに充てんしてから、高温加熱してつくられる豆腐。日もちがよく、絹ごし豆腐のようになめらか。

1　ボウルに肉ダネの材料を入れてスプーンでよく混ぜる。

2　レタスは外葉1枚を半分にちぎって耐熱の器に敷く。残りのレタスは細切りにしてバットに広げ、小麦粉小さじ1/2を全体に薄くまぶす。

3　肉ダネを6等分にし、軽くまとめて**2**のバットにのせ、全体にレタスをまぶす（写真）。**2**の器にのせ、ふんわりとラップをして電子レンジ（600W）に4分間ほどかけて取り出す。からし酢じょうゆを添える。

菜箸と手で肉ダネを転がすようにして全体にまぶしつける。

レンチン卵かけご飯

温かいおかか卵かけご飯が一瞬で。
揚げ玉の油がコクをプラスしてくれます。

材料（1人分）

ご飯（温かいもの）… 茶碗1杯分
卵 … 1コ
A 削り節 … 1袋（2～3g）
　しょうゆ … 小さじ1
揚げ玉・細ねぎ（小口切り）… 各適量

330kcal ｜ 塩分**1.1**g ｜ **3**分

1 耐熱の器にご飯を入れ、**A**を加えて混ぜる。

2 卵をのせて箸で軽くほぐす（写真）。ふんわりとラップをして電子レンジ（600W）に30～40秒間かける。揚げ玉と細ねぎをのせ、混ぜながら食べる。

卵は破裂しないように電子レンジにかける前に必ず卵白までほぐす。

マグ茶漬け

常備食材で、ほっこり温まるお茶漬けを。
ご飯をレンチンで温めたら、完成まで
マグカップ1つでできてお手軽です。

材料（1人分）

ご飯（温かいもの）… 100g
A さけフレーク（市販）… 約大さじ1（10g）
　梅干し（種を除く）… 1/2コ分
　昆布茶 … 小さじ1/2
焼きのり（ちぎる）… 少々

200kcal ｜ 塩分**2.0**g ｜ **3**分

1 マグカップにご飯を入れ、**A**をのせる。熱湯カップ1/2を注ぎ、焼きのりをのせる。混ぜながら食べる。

段取り④

調味料のうまみを味方に

めんつゆやナムプラーといった、調味料のうまみをだしがわりに。冷蔵庫に眠る調味料を上手に使えば、料理のたびにだしをとる手間いらずです。

めんつゆでパパッと味決め

うまみの素をふんだんに含んだめんつゆで、料理の味が悩まず決まります。麺に限らず、煮物や照り焼きの味つけにも活躍しますよ。

カツ煮

甘辛の煮汁を衣に煮含めて。
しょうゆ味とうまみのバランスがとれためんつゆは、
適度に希釈すると本格的な味わいの煮汁になります。

材料（1人分）

豚カツ* … 1枚（160g）
たまねぎ（薄切り） … 1/4コ分（50g）
A［水 … 大さじ6
めんつゆ（4倍濃縮）** … 大さじ1・1/2］
溶き卵 … 2コ分
粉ざんしょう … 少々

870kcal ｜ 塩分**3.7**g ｜ **10**分

＊ここでは市販の切ってあるものを使用。
＊＊2倍濃縮の場合、水大さじ4・1/2、めんつゆ大さじ3。

1 直径約20cmのスキレット（またはフライパン）にたまねぎと**A**を入れて中火にかける。たまねぎがしんなりとしたら豚カツを加え、スプーンで煮汁を豚カツにかけながら（写真）、2分間ほど煮る。

2 豚カツが温まったら溶き卵を回し入れ、スキレット（またはフライパン）を揺すりながら煮る。卵が半熟状になったら、火を止めて粉ざんしょうをふる。

煮汁をかけながら煮含めて、中心までアツアツに。

でき合いの総菜も、
リメイクすれば
わが家の味に

ドレッシングにも
めんつゆが
おすすめ

オニオンサラダ

シャキシャキのたまねぎに
梅と青じそが爽やかに香ります。

材料（1人分）

たまねぎ（薄切り）… 80g
青じそ（細切り）… 3枚分

梅ドレッシング

めんつゆ（4倍濃縮）… 大さじ1
梅干し（塩分10%）… 1コ

50kcal｜塩分**2.9**g｜**5**分*

*たまねぎと青じそを水にさらす時間は除く。

1 たまねぎと青じそは3分間水にさらし、ざるに上げて水けをきる。

2 梅ドレッシングをつくる。梅干しは種を除き、包丁でたたいてなめらかにする。めんつゆと混ぜ合わせる。

3 器に**1**を盛り、**2**をかける。

ハムレタスサラダ

爽やかなレモンの酸味で、
めんつゆがシュッと引き締まった味のドレッシングに。

材料（1人分）

ロースハム（薄切り）… 1枚
レタス … 2〜3枚
カットわかめ（乾）… 大さじ1
きゅうり … 1/2本
ミニトマト … 3〜4コ

レモンドレッシング

めんつゆ（4倍濃縮）・レモン汁 … 各大さじ1
オリーブ油 … 大さじ1/2

140kcal ｜ 塩分**2.4**g ｜ **5**分*

*わかめを戻す時間は除く。

1 わかめは袋の表示どおりに戻し、水けをきる。レタスは一口大にちぎる。きゅうりはピーラーで皮をしまむきにし、薄い輪切りにする。ミニトマトは半分に切る。

2 レモンドレッシングの材料は混ぜ合わせる。

3 器に**1**とハムを盛り合わせ、**2**をかける。

厚揚げのはさみ煮

鶏と厚揚げのうまみとコクで、
めんつゆが絶品の煮汁に早変わり。

材料（1〜2人分）

厚揚げ（絹ごし）… 2枚（240g）

肉ダネ

- 鶏ひき肉（もも）… 100g
- たまねぎ（みじん切り）… 大さじ1
- 片栗粉・ごま油 … 各小さじ1
- 塩 … 1つまみ

A
- 水 … カップ1
- **めんつゆ**（4倍濃縮）* … カップ1/4

さやいんげん（ヘタを切り落とす）… 80g

溶きがらし … 適宜

270kcal ｜ 塩分**3.7**g ｜ **15**分

＊2倍濃縮の場合、水カップ3/4、めんつゆカップ1/2。

1. 厚揚げは斜め半分に切って三角形にし、厚みに切り込みを入れて袋状にする。
2. ボウルに肉ダネの材料を入れてよく練り混ぜ、スプーンで**1**に等分に詰める（写真）。
3. 鍋に**2**と**A**を入れて中火にかけ、ふたをする。沸いたらさやいんげんを加え、再びふたをして5分間煮る。器に盛り、好みで溶きがらし少々を添える。

袋状に広げた厚揚げに、肉ダネを奥まで詰める。煮上がりは肉ダネが外れやすいので、やさしく扱って。

和風野菜炒め

めんつゆをそのままうまみじょうゆとして炒め物に。
香ばしいじゃこがアクセント。

材料（1人分）

たまねぎ … 1/4コ（50g）
キャベツ … 2〜3枚（150g）
ピーマン … 1コ（30g）
油揚げ … 30g
めんつゆ（4倍濃縮）・
　ちりめんじゃこ … 各大さじ1
●米油

250kcal ｜ 塩分**2.2g** ｜ **10**分

1 たまねぎは縦に1cm幅に切る。キャベツはザク切りにする。ピーマンは縦半分に切って種とヘタを除き、横に1cm幅に切る。油揚げは1cm幅に切る。

2 フライパンに米油大さじ1/2、たまねぎ、ちりめんじゃこを入れる（写真）。中火で炒め、全体に油がなじんだら水大さじ1を加えて炒める。

3 たまねぎがしんなりとしたら、キャベツ、ピーマン、油揚げを加えて炒める。野菜がしんなりとしたら、めんつゆを加えて全体にからめる。
◉野菜がしんなりとしなければ、炒めながらさらに水大さじ1を足すとよい。

炒め物のコツは、堅いものと味が出るものから炒めること。冷たいところから余裕をもって炒めはじめると、たまねぎの表面を焦がさず、中までしんなりと炒められる。

揚げだし豆腐

少量の油で揚げ焼きにし、
衣にまとわせるようにつゆをたっぷりとかけて。

材料（1人分）

絹ごし豆腐 … （小）1丁（250g）

A
- 水 … 大さじ2
- **めんつゆ**＊（4倍濃縮） … 大さじ1/2

青ねぎ（小口切り）・しょうが（すりおろす） … 各少々

粉とうがらし … 適宜

●米油・片栗粉

320kcal ｜ 塩分**1.0**g ｜ **10**分

＊2倍濃縮の場合、大さじ1。

1 豆腐は2cm厚さに切り、紙タオルの上にのせて1分間おき、水けをきる（写真）。

2 フライパンに米油大さじ3〜4を入れて中火にかける。**1**の豆腐に片栗粉大さじ1をまぶし、まぶしたものからフライパンに並べて両面をカリッと揚げ焼きにする。

3 耐熱ボウルに**A**を入れ、ラップをせずに電子レンジ（600W）に30秒間かける。

4 **2**を器に盛り、青ねぎとしょうがをのせる。あれば粉とうがらしをふり、**3**をかける。

豆腐自体の重みで水けがきれるので、おもしなどで押さえなくてもよい。

トロたま長芋

温泉卵にとろろのつゆをかけて、のどごしよくいただきます。
朝の目覚めに食べるとパワーが湧いてきますよ。

材料（1人分）

長芋（すりおろす）… 100g
温泉卵（市販）… 1コ

A
- 水 … 大さじ3
- **めんつゆ**＊（4倍濃縮）… 大さじ1/2
- 米酢 … 小さじ1/2

青のり … 適宜

140kcal ｜ 塩分**1.2**g ｜ **5**分

＊2倍濃縮の場合、大さじ1。

1 長芋と**A**は混ぜ合わせる。

2 器に温泉卵を入れ、**1**をかける。あれば青のりをあしらい、卵をくずしながら食べる。

魚介のうまみがだしがわり

魚介のうまみが凝縮した魚しょうやオイスターソースは、水で希釈するとだしがわりになって和にも洋にも使えます。

材料（1人分）

鶏もも肉 … 1/2枚（150g）
ねぎ（4cm長さに切る）
　… 1本分（80g）
生しいたけ（石づきを除く）
　… 2枚（30g）
A［水 … カップ1/4
　オイスターソース … 小さじ1/2
粉とうがらし* … 適宜
●塩・こしょう・片栗粉・米油

370kcal ｜ 塩分1.2g ｜ 15分

*一味とうがらし少々でもよい。

1 鶏肉は一口大のそぎ切りにし、塩・こしょう各少々をふる。焼く直前に片栗粉小さじ1をまぶす。

2 フライパンに米油小さじ1をひき、鶏肉、ねぎ、しいたけを並べ入れ、ふたをして中火にかける。途中様子を見ながら上下を返し（写真）、5分間ほど焼いて鶏肉に火を通す。混ぜ合わせた**A**を加え、全体にからめながら、煮汁がなくなるまで煮詰める。器に盛り、好みで粉とうがらしをふる。

鶏肉は焼きつけて香ばしさを出す。

鶏肉とねぎの煮物 かき風味

ねぎの甘さが際立つ和のおかずに、
オイスターソースでかきのうまみと風味をプラス。

キャベツ炒め

しょうゆで炒めるよりも風味よく、
きれいな色合いに。

材料（1人分）

キャベツ（細切り）… 1〜2枚分（100g）

A ［ **ナムプラー**・水 … 各小さじ1
　 レモン汁 … 少々

●ごま油・黒こしょう（粗びき）

60kcal ｜ 塩分**1.4**g ｜ **5**分

1 フライパンにごま油小さじ1を中火で熱し、キャベツを入れて炒める。しんなりとしてきたら混ぜ合わせた**A**を加え（写真）、ざっと炒めてすぐに火を止める。器に盛り、好みで黒こしょうをふる。

クタクタになるまでは炒めずに、程よい食感を残して味つけをする。

これでおでん

味しみのおでんが、あっという間にでき上がり。
温め直すと味が一層深まります。

材料（1〜2人分）

具材

［ さつま揚げ …（小）4枚（120g）
　 厚揚げ（絹ごし／半分に切る）
　 … 1枚分（120g）
　 大根（薄い輪切り）… 250g

A ［ 水 … カップ1
　 オイスターソース … 小さじ2

せりの茎（小口切り）・
しょうが（すりおろす）
… 各適宜

190kcal ｜ 塩分**1.8**g ｜ **10**分

1 鍋に具材を入れ、混ぜ合わせた**A**を加えて中火にかける。沸いたら弱めの中火にして、コトコトと5分間煮る。

2 器に盛り、あればせり、しょうがをあしらう。

段取り⑤

刺身でお手軽魚料理

ひとり分だと骨の折れる魚料理も、
すぐに食べられる刺身を使えば、手間なく
10分以内にでき上がり。ほんのちょっとの
アレンジで驚きのおいしさになります。

ごちそうお刺身3種盛り

調味料にくぐらせて生ぐささをやわらげると、
パックの刺身がごちそうになりますよ。
好みの薬味を添えれば、しょうゆをつけなくてもさっぱりといただけます。

材料（1人分）

たい・サーモン・あじ（各刺身用／薄切り）
… 各適量*

A
- 水 … カップ1/4
- 塩 … 小さじ1/4

B
- しょうゆ・水 … 各大さじ1/2
- 砂糖 … 小さじ1/4

C
- 米酢** … 大さじ1
- 砂糖 … 小さじ1
- 塩 … 小さじ1/4

青じそ … 適量

240kcal*** ｜ 塩分**1.8**g*** ｜ **5**分

＊各30〜80gが目安。
＊＊市販のすし酢大さじ1を使ってもよい。その場合は砂糖、塩は加えない。
＊＊＊刺身は各50gで計算。

1 **たい**（写真①）
ボウルに**A**を混ぜ合わせ、たいを加えて1分間つける。紙タオルにのせて汁けをきる。
◉ひらめなどの白身魚やいか、たこ、貝類の刺身にも合う。

2 **サーモン**（写真②）
ボウルに**B**を混ぜ合わせ、サーモンを加えて1分間つける。紙タオルにのせて汁けをきる。
◉まぐろ、かつお、ぶりなどの脂がのった赤身魚の刺身にも合う。

3 **あじ**（写真③）
ボウルに**C**を混ぜ合わせ、あじを加えてサッとくぐらせる。紙タオルにのせて汁けをきる。
◉さば、さんま、いわしなどの青背の魚の刺身にも合う。

4 **盛り合わせる**
器に青じそを敷き、**1**、**2**、**3**を盛る。

◉好みでたいにはおろしわさび、サーモンにはレモン（いちょう形に切る）、あじには白ごまや細ねぎ（小口切り）、しょうが（すりおろす）を添えてもおいしい。

どの刺身も、紙タオルにのせて汁けをきることで、余分な調味料が取れる。

ぼやけた味のお刺身も、
下ごしらえで
手当てをすれば
エッジのきいたお味に

お刺身のカリカリ焼き

柔らかくて骨のない刺身は、焼き物にうってつけです。
フライよりもお手軽で、ソテーよりもつまみやすい「カリカリ焼き」は、魚料理の新定番になりますよ。

材料（1人分）

好みの魚（刺身用／薄切り）＊ … 70g

A うす口しょうゆ・酒 … 各小さじ1
　にんにく（すりおろす） … 少々

花椒（ホワジャオ）塩 … 適宜

レモン（搾りやすく切る） … 適量

●片栗粉・米油

200kcal ｜ 塩分**1.1**g ｜ **10**分＊＊

＊ここではかんぱちを使用。さくの場合、薄切りにしてから食べやすい大きさに切る。
＊＊調味料をからめておく時間は除く。

1 刺身は大きければ半分に切る。ボウルに**A**を入れて混ぜ、刺身を加えてからめ、5分間ほどおく。

2 片栗粉大さじ1/2を加えて全体にからめ、さらに片栗粉大さじ1を加えてまぶす（写真）。

3 フライパンに米油大さじ2を中火で熱し、**2**の刺身を並べ入れる。上下を返しながら、両面をカリッと焼く。紙タオルにのせて油をきり、器に盛る。あれば花椒塩少々を添え、レモンを搾る。

一度全体に片栗粉をからめてから、さらに片栗粉をまぶして揚げると、サクッとした食感になる。

かんきつ風味の手こねずし

グレープフルーツの甘みと酸味がすし酢がわりの、爽やかなおすしです。
華やかな香りとまぐろの濃厚な味わいがたまりません。

材料（1人分）

ご飯（温かいもの）… 180g
まぐろ（刺身用／切り落とし）* … 70g

A
- グレープフルーツ（または柚子《ゆず》）の搾り汁** … 大さじ1・1/2
- 塩 … 小さじ1/6

B
- しょうゆ … 小さじ2
- 砂糖 … 小さじ1

貝割れ菜（1cm長さに切る）・白ごま … 各少々

390kcal ｜ 塩分2.8g ｜ 5分

*ぶりやかつおの刺身でもおいしい。
**市販のすし酢の場合、大さじ1・1/2を使う。その場合は塩は加えない。

1 ボウルにご飯を入れ、混ぜ合わせた**A**を加えて（写真）、サックリと混ぜる。

2 別のボウルに**B**を入れて混ぜ、まぐろを加えてからめ、1〜2分間おく。

3 **1**のボウルに貝割れ菜と**2**をつけ汁ごと加えて混ぜる。器に盛り、好みで刻んだ貝割れ菜少々（分量外）をのせ、白ごまをふる。

かんきつの果汁を回しかけて、すっきりした甘さのすし飯に仕立てる。

たこの甘辛酢みそあえ

「チョコチュジャン」と呼ばれる韓国の甘辛酢みそをアレンジ。レタスで巻いて食べてもおいしい。

材料（1人分）

ゆでだこの足（刺身用）…（小）1本（50g）

甘辛酢みそ

［コチュジャン・はちみつ・米酢・
　うす口しょうゆ … 各小さじ1/2

リーフレタス（細切り）・白ごま・
粉とうがらし* … 各適宜

60kcal ｜ 塩分1.1g ｜ 5分

*一味とうがらし少々でもよい。

1 甘辛酢みその材料は混ぜ合わせる。たこは斜め薄切りにする。

2 ボウルにたこを入れ、甘辛酢みそを加えてあえる。器に盛り、あればリーフレタス適量を添え、白ごま・粉とうがらし各少々をふる。

帆立てのガーリックバター焼き

焼きすぎず、軽くあぶるくらいが理想の焼き加減。
外は香ばしく、中はしっとりジューシーに仕上がります。

材料（1人分）

帆立て貝柱（刺身用）… 3コ

にんにく（薄切り）… 2枚

レモン（薄切り）… 適宜

● 小麦粉・バター・しょうゆ・
黒こしょう（粗びき）

110kcal ｜ 塩分0.7g ｜ 5分

1 帆立ては厚みを半分に切る。焼く直前に小麦粉小さじ1をまぶす。

2 フライパンにバター5g、にんにくを入れて中火にかけ、バターが溶けてきたら帆立てを加える。上下を返しながら両面を30秒間ほど焼き、しょうゆ小さじ1/2を回し入れてサッとからめる。器に盛り、好みで黒こしょう少々をふり、あればレモン1枚を添える。

ゆでいかのねぎ塩だれ

ものの5秒の湯通しで、いかの甘みがグッと引き出されます。
にんにく風味のねぎ塩だれで、ガツンと食欲を刺激する一皿に。

材料（1人分）

いか（刺身用／薄切り）… 60g

A
- ごま油 … 小さじ1
- 塩 … 2つまみ
- にんにく（すりおろす）… 少々

細ねぎ・白ごま … 各少々

青じそ・好みのかんきつ類* … 各適宜

90kcal ｜ 塩分**2.3**g ｜ **5**分

＊ここではすだちを使用。

1. 小鍋に湯を沸かし、いかを入れて5秒間ほどゆで、すぐにざるに上げて水けをきる（写真）。
2. ボウルに**A**を入れて混ぜ合わせ、**1**のいかが温かいうちに加えてあえる。器に、あれば青じそを敷いていかを盛り、細ねぎと白ごまをふる。好みで搾りやすく切ったかんきつ類を添える。

いかはサッと湯通しすると甘みが出る。色が白くなったら、堅くならないうちにすぐに引き上げる。

お刺身のあんかけ丼

温かいあんでホッと人心地がつくような、
ちょっと疲れたおなかにもやさしい海鮮丼です。

材料（1人分）

好みの刺身*（薄切り）
　…1パック（70～80g）

好みの刺身のあしらい** … 適量

A
- だし … カップ1
- 片栗粉 … 大さじ1
- うす口しょうゆ … 小さじ2

ご飯（温かいもの）・練りわさび
　… 各適量

400kcal ｜ 塩分**2.5**g ｜ **10**分

＊ここではサーモン、たい、いかの盛り合わせを使用。
＊＊ここでは大根のけん、青じそを使用。

1　刺身のあしらいに青じそがあれば、ザク切りにする。

2　鍋に**A**を入れて溶き混ぜ、中火にかける。へらで絶えず混ぜながら、とろみをつける。フツフツとしてきたら、刺身とあしらいを加える（写真）。菜箸で2～3回ざっと混ぜる。火を止め、ふたをして30秒間ほどおく。

3　器にご飯をよそい、**2**をかけ、わさびを添える。

刺身はあしらいと一緒にアツアツのあんに加え、サッと火を通す。

刺身のツマが台湾の屋台で食べるあの味に

台湾風 ミニオムレツ

刺身のあしらいの大根は炒めて別の一品に。ごま油でサッと炒めて、桜えびのうまみをまとわせます。

材料（1人分）

大根のけん … 30g
卵 … 1コ
オイスターソース … 小さじ1/2
A
- ごま油 … 小さじ1
- 桜えび（乾）… 適量
- にんにく（すりおろす）… 少々

細ねぎ（小口切り）… 少々

120kcal ｜ 塩分**0.6**g ｜ **10**分

1. 大根のけんは食べやすく切る。ボウルに卵を割り入れて卵白を切るように混ぜ、オイスターソースを加えてよく混ぜる。
2. フライパンに**A**を入れて中火でサッと炒め、大根を加えてしんなりとするまで炒める。卵液を流し入れて菜箸で全体をざっと混ぜ、半熟状になったらすぐに火を止める。器に盛り、細ねぎをふる。

お刺身は究極のスピードメニュー

魚料理は下処理が大変そうだからあまり家ではつくらない。そんな声をよく聞きます。でも、調理はおっくうだけど、お刺身なら買って帰るという人は多いですよね。かく言う私も大好きです。骨も皮もないお刺身は、すぐに食べられる究極のスピードメニュー。お値引き品のちょっとくたびれたお刺身も「ごちそうお刺身3種盛り」（52ページ）のように、ほんの数分の下ごしらえでグッとごちそう感が増します。

旬のお刺身をお気に入りの器に盛り、刻んだ細ねぎでも散らせば、それだけで気分が上がりますよね。私の場合、そこにお酒があればもう言うことなし（笑）。手軽なお刺身をきっかけに、ひとり分でも魚をもっと身近に感じてもらいたいです。

Column

私の朝支度

朝は一日の始まり。なるべくゆっくりとゆとりをもって過ごしたい。そう思ってはいても、ゴミ出しに洗濯に身支度にと、短い時間であれこれに追われて、てんてこまいなのは誰しも同じかと思います。かく言う私も、家族を学校と職場に送り出し、片づけを終えてやっと一息つくころには、もうヘトヘト。そんな日々がずっと続いていました。ようやく少しは自分のペースで朝の時間を過ごせるようになったのは、娘が大学に入ったこの春からのことです。

誰かと一緒に囲む食卓も、自分のための朝食も、基本の考え方は一緒。駆け足でも支度ができるように、野菜はあらかじめ下ごしらえしたりマリネしたりして、冷蔵庫にストックしています。時間に追われているときも、「冷蔵庫にお野菜がある」と思うだけで焦らなくなります。ハムやさけフレーク、焼きのりなどの味つけいらずの食材をパンやご飯と一緒に軽く温めて、冷蔵庫から出した野菜を添えれば、それだけでも充実した朝ごはんになりますよ。

レンチン野菜の下ごしらえ

冷蔵庫から出してそのままレンジにかけられるよう、ブロッコリーやキャベツ、スナップえんどうは下ごしらえして水大さじ1をふり、ラップをして常備しています。1人分の野菜約100gに対して、電子レンジ（600W）で1分30秒〜2分間が蒸し時間の目安です。

ドレッシングマリネ

貝割れ菜やレタスなどの葉物野菜にはドレッシングをかけておき、おひたし風のマリネにしています。30分間も冷蔵庫におけば、野菜によくなじんでいい感じに。和洋中どんなドレッシングにも合うので、余ったドレッシングの整理にもなります。

ちょっと上等なバターやボンレスハム、フレンチマスタードを使えば、何気ないハムトーストでもごきげんなモーニングに。特別なことは必要ありません。

第2章
ひとり分こそ ぜいたくに

ひとり分ごはんは「もうこれでいいや」というときも確かにあるでしょうけれど、「食べたいものを食べる！」ことが自由にできるのも事実。せっかくですもの、時にはちょっと頑張って「至福のひとり」を楽しんでほしいと思います。さほど難しい準備をせずとも、組み合わせる食材を少なくしたり、目先を変えて盛りつけに気を使うだけで、外食するよりリラックスできる豊かな時間が過ごせます。時には花を飾って、蠟燭《ろうそく》を灯《とも》して、音楽をかけて。ひとりってすてきですね。

ぜいたく①

至福のひとりエスニック

ふだんは家族や友人に遠慮しているけれど、
大好きなエスニック料理を思いっきり食べたい！
そんな方に、至福の味を思う存分楽しめる
ひとり分レシピをお届けします。

ガパオライス

仕上げにバジルを加えてサッと混ぜると香りがふんわり。
ジャスミン茶で炊き上げた香りご飯を添えると、食卓が一気に華やぎます。

材料（1人分）

豚肩ロース肉（豚カツ用）… 1枚（150g）

バジルの葉 … 10〜20g

A ［ にんにく（すりおろす）… 小さじ1/4
　塩・こしょう … 各少々

B ［ ナムプラー・レモン汁 … 各小さじ1

ジャスミンライス（つくりやすい分量）

［ 米 … 180mℓ（1合）
　ジャスミン茶（市販）… 220mℓ

トッピング

［ レモン（搾りやすく切る）・
　トマト（1cm角に切る）・バジルの葉 … 各適量

●塩・オリーブ油

690kcal ｜ 塩分**2.4**g ｜ **20**分*

*蒸らす時間は除く。

1 ジャスミンライスをつくる。鍋に洗った米とジャスミン茶を入れ（写真①）、中火にかける。沸いたら菜箸で鍋底の米をはがすようにして軽くこすり、弱火にしてふたをし、10分間炊く。火を止めて10分間蒸らし、塩少々をふって全体をザックリと混ぜる。
◉炊飯器で炊く場合は、内釜に洗った米を入れ、ジャスミン茶を1合の目盛りまで注いで普通に炊く。

2 トッピング以外のバジルはザク切りにする。豚肉は小さめの一口大に切り、ボウルに入れて**A**をもみ込む。

3 フライパンにオリーブ油大さじ1/2を中火で熱し、豚肉を入れて炒める。豚肉に火が通ったら**B**を加えて全体にからめ、バジルを加える。ざっと混ぜ（写真②）、火を止める。**1**のジャスミンライス適量とともに器に盛り、好みのトッピングを添える。

①本来のジャスミンライスは独特の香りがする長粒種の米。今回は普通の米とジャスミン茶でほんのり甘い香りに。
②バジルのフレッシュな香りを生かすため、混ぜ合わせたらすぐに火を止める。

ひとりのお昼は
秘密のぜいたくを

辛さの決め手は
柚子こしょう

フレッシュグリーンカレー

爽やかで刺激たっぷりの自家製グリーンカレー。
隠し味に柚子こしょうを加えると、辛みとコクがより奥深くなります。

材料（1～2人分）

鶏もも肉 … （小）1枚（250g）
パプリカ（赤・黄） … （合わせて）100g

A
- バジルの葉・パクチー … （合わせて）70g
- しょうが … 15g
- にんにく … 10g

B
- 水 … カップ1/2
- ナムプラー … 大さじ1
- 柚子こしょう … 約小さじ1

ココナツミルク（または牛乳） … カップ3/4
ご飯（温かいもの） … 適量

トッピング
- パクチー・好みのナッツ（粗く刻む） … 各少々

●オリーブ油・塩・黒こしょう（粗びき）

740kcal | 塩分2.9g | 15分

1 パプリカはヘタと種を除き、食べやすい長さの1cm幅に切る。**A**はそれぞれザク切りにする（パクチーの根があれば刻む）。鶏肉は一口大のそぎ切りにする。

2 フードプロセッサーに**A**を入れて**B**を加え（写真①）、30秒～1分間なめらかになるまでかくはんする（またはハンドブレンダーを使う）。

3 鍋にオリーブ油大さじ1を中火で熱し、**2**を入れる。耐熱のへらで混ぜながら、香りが出て少し白っぽくなるまで30秒間ほど炒める（写真②）。**1**の鶏肉とパプリカを加えて炒め、鶏肉が白っぽくなってきたら、ココナツミルクを加えて混ぜる。全体がなじんだらふたをし、弱めの中火で5分間ほど煮て火を止める。

4 味をみて足りなければ塩1つまみで調え、好みで柚子こしょう少々（分量外）を足す。器に盛ってご飯に添え、好みのトッピングを添えてご飯に黒こしょう少々をふる。

①
バジルとパクチーを合わせて使うことで、風味豊かなカレーになる。辛さは柚子こしょうの量で調節するとよい。

②
ペースト状にしたハーブは、サッと炒めて青くささをとばす。

私のごほうび エスニック時間

エスニック料理は酸味や辛み、香りがなんともクセになりますよね。私も大好きです。ところが、わが家のリクエストは「から揚げ！」「しょうが焼き！」ばかりで、なかなか食べる機会がありません。なので家族が出かけたお昼など、ひとりの時間を見計らって楽しむこともしばしば。ささやかな、自分のためのごほうびのひと時です。

今回のレシピはどれも日本で手に入りやすい食材を使っています。食材が余ったら、ふだんの料理にちょっとずつとり入れてみてください。うまみが強いナムプラーは和食向き。肉の下味や煮物、「キャベツ炒め」（51ページ）などにぜひ。ココナツミルクはゼリーなどの冷たいデザートにおすすめ。フルーツや黒みつの甘さと相性よしです。ひとり分でも惜しまずに、バジルやパクチーはどっさり使ってくださいね。

かにかまの卵カレー炒め

ワタリガニを殻ごと炒めてつくる卵炒めを、かにかまぼこでお手軽に。
辛さは控えめ、トロトロの卵とともに、うまみがからんだ野菜をどうぞ。

材料（1人分）

かにかまぼこ … 1パック（75g）
溶き卵 … 1コ分
たまねぎ … 80g
ピーマン（ヘタと種を除く） … 1コ分

A［にんにく・しょうが（各みじん切り）
… 各小さじ1/4

B［カレー粉・
顆粒チキンスープの素（中華風）
… 各小さじ1/2

ココナツミルク（または牛乳） … カップ1/4
粉とうがらし … 適宜
●オリーブ油・塩

320kcal ｜ 塩分2.6g ｜ 10分

1 かにかまぼこは軽くほぐす。たまねぎとピーマンはそれぞれ縦に1cm幅に切る。

2 フライパンにオリーブ油大さじ1/2と**A**を入れて中火で炒め、香りがたったら、たまねぎとピーマンを加えて炒める。野菜がしんなりとしたら、**B**を加えてサッと混ぜ、かにかまぼこを加えて炒める。

3 ココナツミルクを加え（写真）、からめながら炒め、全体が温まったら溶き卵を回し入れ、菜箸でざっと混ぜる。味をみて、足りなければ塩少々で調える。器に盛り、好みで粉とうがらしをふる。

ココナツミルクの甘みで全体をやさしくまとめる。

春雨のピリ辛サラダ

甘辛だれの酸味と辛みが食欲をそそる、ボリューム満点のサラダ。
春雨がほんのり温かいうちに召し上がれ。

材料（1人分）

春雨（乾）… 50g
牛こま切れ肉 … 80g
ミニトマト … 5コ
紫たまねぎ … 30g
パクチー … 適量
A ［塩・こしょう・にんにく（すりおろす） … 各少々
B ［レモン汁・ナムプラー … 各大さじ1/2
　　砂糖・粉とうがらし … 各小さじ1/2
●ごま油

450kcal ｜ 塩分**2.8**g ｜ **10**分

1 ミニトマトは半分に切る。紫たまねぎは縦に薄切りにする。パクチーは好みであしらい用に葉を取り分け、残りは粗みじん切りにする。

2 牛肉は食べやすく切って**A**をまぶす。フライパンにごま油小さじ1/2を中火で熱し、牛肉を炒めて火を通す。ボウルに**B**を混ぜる。

3 春雨は袋の表示どおりにゆで、ざるに上げて上から玉じゃくしで押さえてしっかりと水けをきる。温かいうちに**2**のボウルに加えて混ぜる。**1**のミニトマトと紫たまねぎ、**2**の牛肉、粗みじん切りのパクチーを順に加えて混ぜ、器に盛って取り分けておいたパクチーの葉をあしらう。

ぜいたく❷

小粋なひとり晩酌

お酒で気分を盛り上げたい夜は、小粋なつまみで晩酌のテーブルを華やかに。火を使わない前菜や保存のきく加工品でつくるあてで気軽に楽しく。

おつまみ いろいろ盛り

スパークリングワイン、ロゼに

まずは「つまみとは何ぞや!?」と固くなった頭をほぐす一皿から。火を使わず、あり合わせを盛るだけでも立派なつまみです。

材料（1人分）

クリームチーズ（個包装タイプ）… 2コ
生ハム・サラミ（薄切り）・りんご（芯を除いて薄切り）・ミックスナッツ・ポテトチップス … 各適量
レモン（薄い半月形に切る）… 2枚
クミンシード・黒こしょう（粗びき）・ディル … 各少々

380kcal｜塩分**1.4**g｜**5**分

1 材料を器に盛り合わせ、具材を好みで組み合わせて食べる。

いろいろ盛りの楽しみ方

塩けのあるもの＋果実などの甘みや酸味のあるもの＋スパイスやハーブの組み合わせをベースにして、冷蔵庫にあるものをお好みで組み合わせてみてください。

生ハムのかわりにスモークサーモン、りんごのかわりにキウイ、ポテトチップスのかわりにおかきなども合います。野菜を添えるなら、アボカドやきゅうりなどがおすすめです。

目玉焼きならぬ「白身焼き」がアクセント

日本酒に

レンチンじゃがいも明太子卵黄ソースがけ

おつまみポテトサラダを、手間をかけずにレンチンで。
ホックリじゃがいもにトロッとしたソースがからみ、
お酒がすすむ味わいです。

材料（1人分）

じゃがいも …1コ（130〜150g）
卵 …1コ
からし明太子（薄皮を外す）…10g
●塩・黒こしょう（粗びき）・
オリーブ油

170kcal | 塩分**2.8**g | **15**分

1 卵は卵黄と卵白に分けてそれぞれボウルに入れる。卵白には塩1つまみ、黒こしょう少々を加えて混ぜる。じゃがいもは皮をむき、水にくぐらせてラップで包み、耐熱容器に入れて電子レンジ（600W）に4〜5分間かける。

2 フライパンにオリーブ油小さじ1/2を中火で熱し、**1**の卵白を入れて焼く。火が通ったら、2cm四方に切る（写真）。

3 明太子卵黄ソースをつくる。**1**の卵黄にからし明太子を加えてよく混ぜる。

4 **1**のじゃがいもをフォークで粗くつぶし、塩1つまみを加えて混ぜる。**2**とともに器に盛り、**3**の明太子卵黄ソースをかける。

カリッと焼いた卵白の香ばしさがアクセントになる。

ハイボールに

リッチなちくわ天

少量の油で天ぷら風に焼くのでお手軽。
ツナとマヨネーズの黄金コンビのソースで、ごちそう感がアップします。

材料（1〜2人分）

ちくわ … 2本（100g）

ツナマヨソース

- ツナ（缶詰／油漬け／缶汁をきる） … 1缶（70g）
- たまねぎ（みじん切り） … 20g
- マヨネーズ … 大さじ2

A［ 小麦粉・水 … 各大さじ2

レモン（くし形に切る） … 適宜

●米油

320kcal ｜ 塩分1.6g ｜ 10分

1 ツナマヨソースの材料は混ぜる。

2 ちくわは縦半分に切る。よく溶いた**A**をちくわにかけ、全体にしっかりとまとわせる。

3 フライパンに米油大さじ1を中火で熱し、**2**を入れて焼く。上下を返し、カリッとするまで両面を合わせて2〜3分間焼く。器に盛り、食べるときに**1**のツナマヨソースをのせ、好みでレモンを搾る。

材料（1〜2人分）

しめさば（真空パックのもの）
…1パック

サルサ風ソース

- **A**
  - ミニトマト（8等分に切る）…5〜6コ分
  - ししとうがらし（小口切り）…4本分
  - しょうが（みじん切り）…小さじ1
  - 塩…1つまみ
- レモン汁…小さじ1/2

レモンの皮（すりおろす）…適宜

●オリーブ油

220kcal ｜ 塩分**1.6**g ｜ **10**分*

*ソースをおく時間は除く。

1 サルサ風ソースをつくる。ボウルに**A**を入れて混ぜ、5分間ほどおく。レモン汁を加えて混ぜる。

2 しめさばはサッと洗い、紙タオルで水けを拭く（写真）。2cm幅に切る。

3 フライパンにオリーブ油小さじ1/2を中火で熱し、しめさばを皮側から入れて焼く。こんがりと焼き色がついたら上下を返し、両面を合わせて2分間ほど焼く。器に盛り、サルサ風ソースをかけ、好みでレモンの皮を散らす。

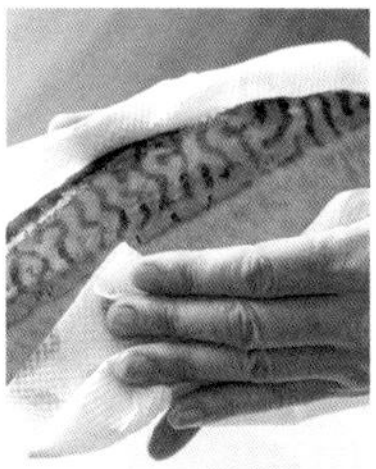

しめさばについている調味液を洗って拭く。焼いたときに焦げつきにくく、さっぱりとした味わいになる。

白ワインに

焼きしめさば サルサ風ソース

保存がきく真空パックのしめさばが冷蔵庫にあれば、とっさのつまみに早変わり。
香ばしく焼きつけて、フレッシュなソースでいただきます。

白ワインに

うにバターバゲット

濃厚なコクがたまらない、
うにとバターの組み合わせにレモンの香りを添えて。

材料（つくりやすい分量）

うにバター

- バター（食塩不使用）… 30g
- うにの塩漬け（市販）… 10g
- レモンの皮（すりおろす）… 少々

バゲット … 適量

●黒こしょう（粗びき）

全量**330**kcal ｜ 塩分**1.2**g ｜ **5**分

1 うにバターをつくる。耐熱容器にバターを入れ、ラップをせずに電子レンジ(600W)に10秒間かけて混ぜる。バターがクリーム状になるまで1〜2回繰り返す（写真）。うにの塩漬けを加えてよく練り、レモンの皮を加えて混ぜる。器に盛り、好みで黒こしょうをふる。

2 バゲットは好みの厚さに切って軽くトーストする。うにバター適量を塗る。

保存 うにバターは冷蔵庫で約**5**日間

トロトロになるまで溶かさず、柔らかくなったところで混ぜるのがポイント。

ねぎみそ牛肉

赤ワインに

香ばしいみその香りに箸がすすむ、居酒屋風の一皿。
焼きたてアツアツを召し上がれ。

材料（1人分）

牛こま切れ肉 … 30g

ねぎみそ

- みそ … 大さじ1
- 砂糖 … 大さじ1/2
- 青ねぎ（小口切り） … 10g
- ごま油 … 小さじ1

青ねぎ（小口切り）・すりごま（白）・赤とうがらし（小口切り） … 各適量

200kcal ｜ 塩分**2.1**g ｜ **10**分

1 ねぎみその材料は混ぜ合わせる。

2 アルミ箔の形を整え、牛肉を並べてねぎみそを塗る（写真）。両面焼きの魚焼きグリルで4〜5分間焼き、牛肉に火を通す。青ねぎをのせ、すりごまをふり、赤とうがらしをあしらう。
◉オーブントースター（1200W）の場合は、天板にのせて5〜6分間焼く。

牛肉の上にまんべんなくねぎみそを塗る。ねぎみそが流れ出ないように、アルミ箔は壁をつくるようにして形を整える。

ぜいたく③

芯から温まるひとり小鍋

食卓にそのまま出せる小鍋料理なら、ひとりのごはんも豪華に見栄えよく、体の芯からポカポカに。五〜六寸（内径16cmほど）の鍋で、〆までおいしくいただけます。

ぶりしゃぶ

だしにくぐらせて脂を程よく落としたぶりは極上の味わいです。
シャキシャキのレタスとともに、爽やかにどうぞ。

材料（1人分）

ぶり（刺身用）… 80〜100g
昆布（5cm四方）… 1枚
レタス（せん切り）… 100g
ねぎ（斜め薄切り）… 40g
A ポン酢しょうゆ・大根おろし … 各適量
　 粉とうがらし … 少々
●うす口しょうゆ

250kcal ｜ 塩分2.3g ｜ 10分

だしにも味をつけておく。昆布は取り出さず、一緒に食べても美味。

1 ぶりは5mm厚さほどに切る。取り皿にAを入れる。

2 土鍋に昆布と水カップ2・1/2を入れて中火にかけ、沸いたらうす口しょうゆ大さじ1を加える（写真）。

3 レタス・ねぎ各適量を加え、すぐに1のぶりを1枚ずつ汁にくぐらせる。ぶりの表面が白くなったら、レタス、ねぎとともに引き上げ、Aにつけて食べる。残りも同様にしていただく。

〆の一品

餅入り椀

材料（1人分）とつくり方

ぶりしゃぶの土鍋に切り餅1〜2コを入れる。ふたをして火にかけ、沸いたら弱火で4〜5分間煮る。火を止めてそのまま1〜2分間おく。餅が柔らかくなったら椀に入れて汁適量を注ぐ。残りの汁で鍋の具材のねぎ適量をサッと煮て添え、あれば柚子の皮をあしらう。

※昆布が残っていたら椀に敷いておくと、椀に餅がくっつきにくく、食べやすく洗いやすい。

120kcal ｜ 塩分1.0g ｜ 10分

汁物がわりにも重宝する
わが家の定番小鍋

水菜と豚バラのはりはり鍋

定番のはりはり鍋は、水菜を食べる分ずつサササッと煮るのがポイント。
根菜はピーラーで薄く削って食べやすくします。

材料(1人分)

水菜 … 1/2ワ(100g)
豚バラ肉(しゃぶしゃぶ用) … 100g
油揚げ … 50g
大根 … 100g
にんじん … 30g
すだち … 適量
A [だし … カップ2
うす口しょうゆ … 大さじ1]

650kcal | 塩分**2.4**g | **15**分

1 水菜は6cm長さに切る。油揚げは3cm幅の短冊形に切る。大根とにんじんはピーラーで長めの薄切りにする。すだちは半分に切って種を除く。

2 鍋に大根とにんじんをかぶるくらいの水とともに入れて中火にかけ、沸いたら2分間ほど柔らかくなるまでゆでる。ざるに上げて湯をきる。

3 **2**の鍋の湯を再び沸かす。豚肉を入れて火を止め、菜箸で動かしながらサッとゆでる(写真①)。

4 土鍋に**A**と油揚げを入れて中火にかけ、沸いたら大根、にんじん、豚肉を加える。水菜を加えてサッと火を通す(写真②)。器に汁ごと盛り、すだちを搾る。

豚肉は下ゆでしておくことでアクが取れてすっきりと仕上がる。

水菜は食べる分ずつサッと煮るとおいしい。

〆の一品

にゅうめん

材料(1人分)とつくり方

そうめん1ワ(50g)を袋の表示どおりにゆでてざるに上げて洗い、水けをきる。はりはり鍋の土鍋に入れて火にかけ、温まったら器に汁ごと盛る。好みで鍋の具材の豚肉と水菜、すだち適量を添え、あれば粉ざんしょうをふる。

180kcal | 塩分**1.4**g | **5**分

さわらのみぞれ鍋

みぞれ鍋は潔くシンプルな具材で。
香ばしく焼いたさわらの身が、口の中でやさしくほどけます。

材料（1人分）

さわら（切り身）… 1切れ（100g）
大根 … 200g
A［だし … カップ3/4
　うす口しょうゆ・片栗粉 … 各大さじ1/2
青ねぎ（小口切り）・
しょうが（すりおろす）・
柚子（搾りやすく切って種を除く）… 各適量
●塩・米油

270kcal｜塩分**1.4**g｜**15**分*

＊さわらに塩をふっておく時間は除く。

1 大根はすりおろしてざるに上げ、水けをきる。さわらは塩小さじ1/8をふり、冷蔵庫に10分間以上おき、水けを拭く。

2 フライパンに米油小さじ1を中火で熱し、さわらを皮側を下にして入れてふたをし、3分間焼く。火を止め、そのまま1～2分間おいて余熱で火を通す。
◉片面を香ばしく焼いて余熱で火を通すと、身がふっくらとする。

3 浅めの土鍋に**A**を混ぜて溶き、中火にかける。耐熱のへらで絶えず混ぜながらとろみをつける。**1**の大根おろしを加え、**2**のさわらをのせて、火を止める。青ねぎ、しょうが、柚子を添える。
◉さわらを焼きはじめるときに土鍋を火にかけるとタイミングよく仕上がる。

〆の一品

卵とじご飯

材料（1人分）とつくり方

みぞれ鍋の土鍋にご飯適量を入れて中火にかけ、沸いたら溶き卵1コ分を回し入れてふたをし、火を止める。半熟状になったらふたを取り、器に盛って青ねぎ・焼きのり（ちぎる）・梅肉各少々をのせる。

260kcal｜塩分**1.2**g｜**5**分

鶏鍋 白みそごま風味

まろやかでコクのある、
和のクリームシチューのような味わいです。

材料（1人分）

鶏もも肉 … 1/2枚（150g）
エリンギ … 1本
生麩《ふ》* … 6cm
じゃがいも（メークイン）
　… （小）1コ（80g）
ブロッコリー（小房に分けたもの）
　… 60g
だし … カップ1・1/2
A［白みそ … 大さじ3
　練りごま（白） … 大さじ1
●塩・こしょう・小麦粉・米油・
黒こしょう（粗びき）

530kcal ｜ 塩分2.0g ｜ 15分

*もっちりとした食感が特徴。ここではごま麩を使用。

1　エリンギは食べやすい大きさに切る。生麩、じゃがいもは2cm厚さに切る。鶏肉は一口大に切り、塩・こしょう各少々をふる。**A**は混ぜ合わせる。

2　鍋にだしとじゃがいもを入れ、中火で5分間ほど煮る。煮汁適量を**A**に加えて溶きのばし、鍋に戻し入れる。ブロッコリー、エリンギを加えてふたをし、弱火で2分間ほど煮る。

3　鶏肉に小麦粉小さじ1をまぶす。フライパンに米油小さじ1を中火で熱し、鶏肉の皮側を下にして入れ、ふたをして両面を焼いて火を通す。鶏肉を**2**の鍋に加え、生麩も加えて全体をザックリと混ぜる。生麩が温まったら火を止める。好みで黒こしょうをふる。
◉野菜を煮る間に鶏肉を焼くとタイミングよく仕上がる。

〆の一品

カルボナーラ風

材料（1人分）とつくり方

中華麺（生）1玉は袋の表示どおりにゆでてざるに上げ、湯をきる。鶏鍋の鍋に入れ、煮汁が少なければだし（または水）を少し足し、麺をからませながら混ぜる。味をみて塩少々で調える。器に盛り、好みで黒こしょう（粗びき）をふる。

480kcal ｜ 塩分2.8g ｜ 5分

豚肉とねぎの常夜鍋 濃厚みそだれ添え

酒のうまみがきいた、だしいらずの常夜鍋。
とっておきのみそだれのコクが具材の風味を引き立てます。

材料（1人分）

具材

- 豚肩ロース肉（薄切り） … 100〜150g
- ねぎ（7mm幅の斜め切り） … 1本分（80g）
- 小松菜（5cm長さに切る） … 2〜3株分（100g）
- 木綿豆腐（半分に切る） … 1/2丁分

濃厚みそだれ（つくりやすい分量）

- すりごま（黒）*・みそ・オイスターソース・ごま油 … 各大さじ1
- 砂糖・コチュジャン … 各小さじ1
- にんにく・しょうが（各すりおろす） … 各少々

●酒

550kcal ｜ 塩分3.3g ｜ 10分

*なければ、すりごま（白）でもよい。

1 濃厚みそだれの材料はよく混ぜる。

2 小鍋に酒カップ3/4を入れて中火にかけ、2〜3分間沸かしてアルコールをとばす。水カップ1・1/2〜2を加えて再び沸かし、具材を加える。火が通ったら皿にとり、**1**をかけながら食べる。

〆の一品

みそ煮込みうどん

材料（1人分）とつくり方

常夜鍋の小鍋を中火にかけ、煮汁が沸いたら残りの濃厚みそだれ（大さじ1〜2が目安）を加えて溶かす。ゆでうどん（またはゆできしめん）1玉を加えて3〜5分間煮る。柔らかく煮えたら、卵1コを加え、半熟状になったら火を止める。あれば鍋の残りのねぎ適量を加え、好みで粉とうがらしをふる。

340kcal ｜ 塩分2.0g ｜ 10分

第3章
ひとり分でも始末の心

日々の暮らしのなかではひとりといえどもやっぱり無駄は出したくない。時間のロスも抑えたい。そう思いますよね。こちらの章では単品のつくりおきを自在に組み合わせることで、飽きないつくりおき献立を目指します。大根もひとりで1本使いきりますよ。「そんなん無理〜」そう言わず、やってみてください。「へ〜、これでよかったんだ」に必ず変わりますから。冷蔵庫を開けたら何かが入っている。それだけで「家に帰ろう」と思えるはず。暮らしを整えて自分を整える。幸せってそんなささやかなものなんだと思います。

組み合わせを変えながら
くり回せて、どんな主菜にも合う
つくりおきがあれば、
毎日の献立が大助かりです。

豚肉の酒いり

塩と酒でいりつけて日もち、うまみをアップさせておけば、変幻自在。

保存 冷蔵庫で約3日間

材料（つくりやすい分量）

豚こま切れ肉 … 1パック（300g）

A［ 酒 … 大さじ3
　　塩 … 小さじ1/2

●こしょう

全量810kcal ｜ 塩分3.3g ｜ 10分*

＊冷ます時間は除く。

しっかり火が通るようにじっくりといりつけ、汁けがほんの少し残るくらいで取り出す。

1 フライパンに**A**を入れて中火にかける。沸いたら豚肉を加え、菜箸で混ぜながらいりつける。豚肉に火が通り、汁けがほんの少し残るくらいになったら（写真）、こしょう少々をふる。

2 バットに取り出して冷まし、保存容器に入れる。
◉冷えると白く固まる脂が気になる場合は、食べるときに電子レンジで温める。

なすの揚げびたし

ご飯にも麺にも合わせやすく、鮮やかな紺色が食卓を引き締めます。

保存 冷蔵庫で約3日間

材料（つくりやすい分量）

なす … 1袋（4〜5コ／約500g）

塩水

- 水 … カップ2・1/2
- 塩 … 小さじ1

A

- だし … カップ1
- みりん・うす口しょうゆ … 各60mℓ

新しょうが（薄切り）* … 20g

●揚げ油

全量**810**kcal ｜ 塩分**11.7**g ｜ **15**分**

＊ひねしょうがなら10g。
＊＊落ち着かせる時間、冷ます時間は除く。

1 なすはヘタを切り落として縦半分に切り、皮に斜めに細かく切り目を入れる。混ぜ合わせた塩水に5分間ほどさらし、水けを拭く。大きめの耐熱容器に**A**としょうがを入れて混ぜ、ラップをせずに電子レンジ（600W）に5〜6分間沸くまでかけ、落ち着いたら取り出す。

◉口の広い耐熱容器を使用し、入れる量は容器の半分以下にして吹きこぼれや突沸を避ける。

2 フライパンに揚げ油を1cm深さまで注いで中火にかけ、170℃に熱し、なすを皮側から入れる（写真①）。時々菜箸で上下を返しながらしんなりとするまで揚げ（写真②）、油をきる。

3 温かいうちに**1**の容器に並べ入れ、そのまま冷ます。

◉冷蔵庫に一晩おくと味がよくしみる。

なすは皮側から揚げると、きれいな色に揚がる。

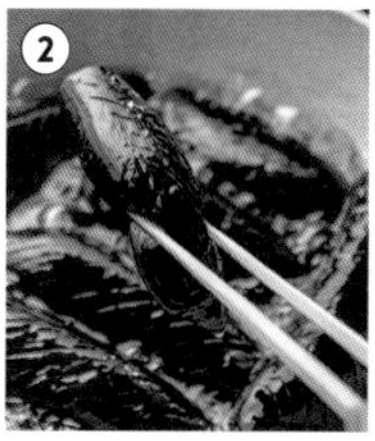

菜箸でつまんで、しんなりとしていたら揚げ上がり。

なすの揚げびたし ＋ 豚肉の酒いり で

ぶっかけうどん

ゆでたうどんを器に盛り、なすの揚げびたしをつけ汁ごと加え、豚肉の酒いり（P.82）をのせる。白ごまや新しょうがの薄切りをトッピングして香り高く。

ピーマンのみそ煮

クタクタに煮て水分をとばすのがポイント。
甘めのみそ味とごまの風味でご飯のお供にも◎。

材料（つくりやすい分量）

ピーマン … 2袋（300g）

A ［ みそ・みりん … 各大さじ1
　　砂糖 … 大さじ1/2

すりごま（白） … 大さじ1

削り節 … 少々

●ごま油

全量**230**kcal ｜ 塩分**2.1**g ｜ **15**分*

＊冷ます時間は除く。

1 ピーマンは縦半分に切って種とヘタを除き、さらに縦半分に切る。**A**は混ぜ合わせる。

2 鍋にごま油大さじ1/2を中火で熱し、ピーマンを入れてサッと炒める。水カップ1/4を加えてふたをし、5分間煮る。クッタリとしたら**A**を加え（写真）、混ぜながら煮詰める。汁けがほぼなくなったら、すりごまと削り節を加えてざっと混ぜる。

3 バットに取り出して冷まし、保存容器に入れる。食べるときは器に盛り、好みですりごま（白／分量外）をかける。

焦げつきやすいみそだれはピーマンが柔らかくなってから加えるとよい。

保存 冷蔵庫で約**5**日間

トマトの湯むき

そのまま食べてよし、つぶして
煮ても、ジュースにしてもよし。
湯むきしておけば、他のおかずと
組み合わせてパッと使えます。

材料(つくりやすい分量)

トマト … (小)4コ

全量**110**kcal | 塩分**0**g | **5**分

1 トマトは皮に浅く切り目を入れる。熱湯に10秒間ほどくぐらせ、氷水にとる(写真)。切り目から皮をむき、保存容器に入れる。
◉一緒に使うことが多いにんにく(分量外)を添えて保存してもよい。

時間がたつとトマトに火が通ってしまうので、皮がはじけたらすぐに氷水にとって冷やす。

トマトの湯むき で

トマトの卵丼

思い立ったらすぐのトロッと丼。

材料(1人分)とつくり方

フライパンにオリーブ油小さじ1とにんにく(薄切り)3枚を入れて弱めの中火にかける。時々上下を返しながら焼き、こんがりと焼けたら取り出す。一口大に切ったトマトの湯むき1コ分を入れて中火で炒め、塩小さじ1/4で味を調え、溶き卵1コ分を回し入れる。菜箸でざっと混ぜて半熟のうちに火を止める。器に盛ったご飯(温かいもの)適量の上にのせ、青じそ(せん切り)少々、取り出したにんにくをあしらう。好みでピーマンのみそ煮(P.84)を添える。

380kcal | 塩分**1.7**g | **5**分

あじの梅煮

大根の水分で、しっとりやさしい梅煮になります。

材料（つくりやすい分量）

あじ（三枚におろしたもの）
　… 1〜3匹分（300g）

大根 … 300g

A
- 水 … カップ1/2
- 酒・うす口しょうゆ … 各大さじ1
- 塩昆布（細切り）… 5g

梅干し（塩分10％）… 1コ

●塩

全量**410**kcal ｜ 塩分**7.2**g ｜ **20**分*

＊冷蔵庫におく時間、冷ます時間は除く。

1 あじは塩小さじ1/2をふって冷蔵庫に10分間おき、水けを拭く。大根は細切りにする。

2 鍋に**A**を入れ、梅干しを手でつぶして種ごと加える。中火にかけ、沸いたらあじを皮を下にして加え、大根をのせる（写真）。ふたをして弱めの中火で8〜10分間、煮詰まりすぎないよう時々様子を見て煮る。

3 バットに取り出して冷まし、保存容器に入れる。

大根でふたをするイメージで、あじを覆うようにどっさりとのせる。あじを蒸し煮にし、身のパサつきを防ぐ。

あじの梅煮 ＋ トマトの湯むき で

あじとトマトの盛り合わせ

スライスしたトマトの湯むき（P.85）とあじの梅煮を器に盛り、青じそを添えて。たんぱく質も野菜も一度にとれる、メインディッシュに。

つくりおきおかずのスピード献立

つくりおきおかずの組み合わせで、
充実の献立も、冷酒がすすむおつまみセットも、あっという間にでき上がり。

献立

① 豚肉の酒いり（P.82）は絹ごし豆腐と盛り合わせ、青ねぎをのせてラー油をかけて。

② 食べやすく切ったなすの揚げびたし（P.83）とあじの梅煮（P.86）は器に盛り合わせて青じそを添え、梅肉をあしらった冷やし鉢に。

③ トマトの湯むき（P.85）はくし形に切って器に盛り、ピーマンのみそ煮（P.84）をのせれば、体にうれしい野菜の小鉢に。

おつまみ

① ほぐしたあじの梅煮（P.86）と刻んだトマトの湯むき（P.85）、おろしにんにく、黒こしょう（粗びき）、オリーブ油、刻んだ青じそを混ぜ合わせて洋風に。

② トマトの湯むきとなすの揚げびたし（P.83）は食べやすく切り、クミンシードをトッピングすれば大人の味に。

③ 豚肉の酒いり（P.82）とピーマンのみそ煮（P.84）は盛り合わせて、すりごま（白）で風味にアクセントを。

始末の心❷

大根1本使いきり

大根は葉から先っぽ、皮までおいしくいただけて栄養豊富。日々のおかずや漬物、ご飯のお供にどうぞ。1本丸々使いきる気持ちよさをぜひ味わってください。

大根の炒めナムル

油のコクをまとわせると、大根の辛みや苦みが味の深さにつながります。
大根の皮だけでつくっても美味。

材料（1人分）

大根 … 100g
さつま揚げ … 1枚（50g）
にんにく（すりおろす）… 少々
すりごま（白）… 適量
●ごま油・塩

170kcal ｜ 塩分**1.9**g ｜ **10**分

1 大根はよく洗って皮付きのまま細切りにする。さつま揚げは半分に切り、薄切りにする。

2 フライパンにごま油小さじ2とにんにくを入れて中火で炒め、大根とさつま揚げを加えて炒める。大根がしんなりとしてきたら（写真）、塩小さじ1/6で味を調える。器に盛り、すりごまをふる。

大根が透き通ってしんなりとしたら、火が通った合図。

大根と鶏肉の黒酢煮

こっくりまろやかな煮汁がジュワッとしみた絶品の煮物。
多めにつくりおきして、お弁当のおかずにしても。

材料（つくりやすい分量）

大根 … 300g
鶏もも肉 … 1枚（300g）

A
- 水 … カップ1/2
- 酒・黒酢 … 各大さじ3
- しょうゆ … 大さじ1・1/2
- 砂糖 … 大さじ1

大根の葉 … 適宜

全量**700**kcal ｜ 塩分**4.5**g ｜ **30**分

1 大根は皮をむいて3cm角に切る。耐熱ボウルに入れ、水大さじ1をふってふんわりとラップをし、電子レンジ（600W）に5〜6分間かける（写真①）。サッと洗って水けをきる。鶏肉は4等分に切る。

2 フライパンに鶏肉と**A**を入れて中火にかけ、ふたをする。沸いたら弱火にして10分間煮る。大根を加え（写真②）、再びふたをして10分間煮る。ふたを外して中火にし、時々混ぜながら煮汁を少し煮詰める。器に煮汁ごと盛り、あれば大根の葉をあしらう。

保存 冷蔵庫で**3**日間

大根が透き通って竹串がスッと通ればOK。

鶏肉を煮てから大根を加え、鶏肉のうまみを大根にしみ込ませる。

鶏肉は煮るほどに
ホロホロに

豚キムチ大根

ヒラヒラの大根が加わったやさしい味の豚キムチです。
大根の薄切りは火が通りやすく、炒め物にピッタリ。

材料（1人分）

大根 … 100g
豚バラ肉（薄切り）… 3枚（60g）
白菜キムチ … 60g
青ねぎ（小口切り）… 適宜
●ごま油・しょうゆ

330kcal｜塩分**2.7**g｜**10**分

1 大根は皮をむいて薄いいちょう形に切る。豚肉は3㎝幅に切る。

2 フライパンにごま油小さじ2を中火で熱し、豚肉を入れて炒める。火が通ったらキムチを加えてざっと炒め、大根を加え（写真）、2〜3分間炒める。大根がしんなりとしてなじんだら、しょうゆ小さじ1で味を調える。

3 器に盛り、あれば青ねぎをのせる。

大根どうしがくっつかないようにバラしながら加える。

梅じゃこおろし

ほのかな辛みと梅の風味が心地よい。

材料（1人分）

大根 … 100g
ちりめんじゃこ … 5g
焼きのり（全形）… 1/4枚
ポン酢しょうゆ … 大さじ1/2
梅干し（塩分10%）… 1/2コ

30kcal | 塩分**1.3**g | **5**分

1 大根はすりおろし、汁けをきらずにボウルに入れる。ちりめんじゃこ、ちぎったのりを加えて混ぜる。器に盛ってポン酢しょうゆをかける。梅干しをのせ、混ぜながら食べる。

大根もち

香ばしいベーコンの塩けが味のポイント。

材料（1人分）

大根 … 150g
ベーコン（薄切り）… 1枚（20g）
A
　片栗粉 … 大さじ1
　塩 … 1つまみ
　青ねぎ（小口切り）… 10g
ラー油（具入り／市販）… 適宜
●ごま油

220kcal | 塩分**1.4**g | **10**分

1 大根はすりおろし、ざるに上げて自然に汁けをきる。ベーコンは細切りにする。

2 ボウルに大根おろし、ベーコン、**A**を入れてよく混ぜる。

3 フライパンにごま油小さじ2を中火で熱し、**2**を大きめの一口大に丸めて並べ入れ、ふたをして3分間焼く。上下を返し、再びふたをして弱火にし、2分間焼く。器に盛り、好みでラー油をかける。

大根のあっさり
からし漬け

大根の重さと調味料の割合を守れば、量が変わっても失敗なし。
手間は少なく、そのままより長く楽しめます。

材料（つくりやすい分量）

大根 … 200g

A	粗塩 … 8g*
	砂糖・米酢 … 各小さじ2
	粉がらし … 小さじ1

全量**45**kcal｜塩分**3.5**g｜**10**分**

＊大根の重さの4％が目安。
＊＊漬ける時間は除く。

1 大根は皮をむき、縦半分に切る。

2 ジッパー付き保存袋に**A**を入れて袋の上からもみ、大根を加えてなじませる（写真①）。空気を抜いて袋の口を閉じる。冷蔵庫に入れ、汁けが上がるまで10日間以上漬ける（写真②）。汁けをきり、好みの厚さに切って器に盛る。
◉汁けがしみ出てくるので、袋を二重にしてバットにのせたり、袋ごと保存容器に入れたりすると安心。

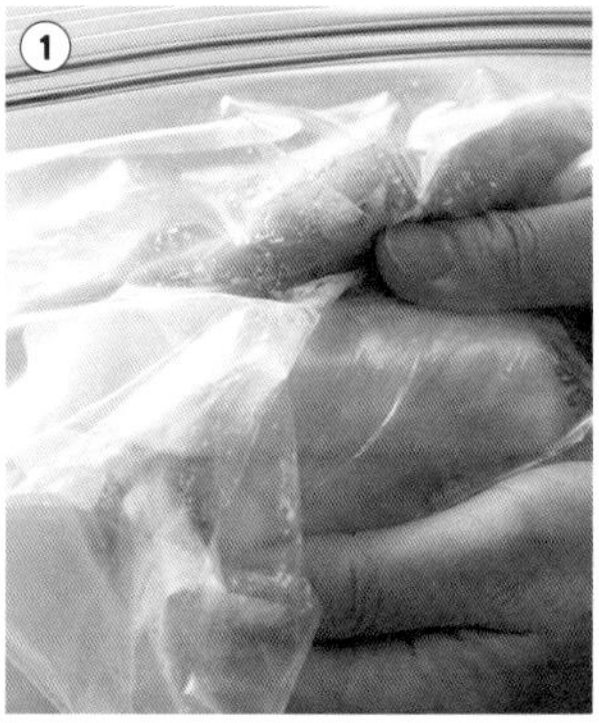

調味料をなじませるだけで、おもしいらずで簡単に漬けられる。

大根が浸るくらいまで汁けが上がればでき上がり。

保存 冷蔵庫で**3**週間

大根の甘酢漬け

パッとつくれる即席漬けは、
晩酌のお供やサンドイッチの具材にも◎。

材料（1人分）とつくり方

大根（皮をむいたもの）100gは細切りにして、塩小さじ1/4をまぶす。10分間おき、出てきた水けをギュッと絞る。ボウルに米酢・砂糖各小さじ2、塩小さじ1/8を混ぜ合わせて甘酢をつくる。大根を加えて甘酢にからめる。すぐに食べられる。

45kcal ｜ 塩分**1.5**g ｜ **5**分*

＊大根に塩をまぶしておく時間は除く。

大根皮の酢じょうゆ漬け

厚めにむいた皮を食べごたえのある
パリパリ漬けに。

材料（1人分）とつくり方

大根の皮50gは1.5㎝四方に切る。ボウルに米酢・しょうゆ各小さじ2、赤とうがらし（小口切り）少々を合わせる。大根の皮を加えてからめ、1時間以上漬ける。

15kcal ｜ 塩分**1.2**g ｜ **5**分*

＊漬ける時間は除く。

大根葉のふりかけ

栄養たっぷりの葉っぱは、
ふりかけにすれば使い勝手よし。

材料（1人分）とつくり方

大根の葉30gは小口切りにする。フライパンにごま油小さじ1を中火で熱し、大根の葉を入れて炒める。しんなりとしたら、しょうゆ大さじ1/2を加え、ざっとからめて火を止める。削り節1袋（2〜3g）、白ごま小さじ1、一味とうがらし少々を加えて混ぜる。

80kcal ｜ 塩分**1.4**g ｜ **5**分

Column

お総菜でも整う食卓

買ってきたお総菜は便利ですが、時間がたつとどうしても冷めてしまいますよね。できたてのおいしさに近づけるためには「温め方」が大切です。

例えば焼き鳥なら、ただレンチンするのではなく少しの酒で蒸すと肉がふっくらとします。揚げ物なら、魚焼きグリルやオーブントースターで焼き直して余分な油を落とすといいですよ。おすしなどのご飯物も、冷たくなるとご飯が堅くなるので、レンチンしてなるべく温めるようにしています。

お総菜の上手な温め直し方

焼き鳥

「たれ」も「塩」もこれでOK！

フライパンに好みの焼き鳥2本を並べ入れ、酒小さじ1を加える。ふたをして弱火で2〜3分間（写真右）、途中上下を返しながら温める。器に盛り、粉ざんしょうなど好みの薬味少々を添える。

酒蒸しにして温めると、堅くなった肉も中までふっくら柔らかに。

揚げ物

揚げたてのようにカリカリ！

魚焼きグリル（両面焼き）、またはオーブントースターに好みの揚げ物適量を入れ、4〜5分間焼く（魚焼きグリルなら弱めの中火）。紙タオルにのせて、油をきる（写真下）。器に盛り、好みでウスターソース・マヨネーズ各適宜を添える。

表面にジワリと油がしみ出るまで焼くと、二度揚げしたように衣が香ばしくなる。余分な油は紙タオルで吸い取るとよい。

ギョーザ・シューマイ

カリッと香ばしく！

フライパンにギョーザまたはシューマイ5コを入れて水大さじ1をふり、ふたをして弱めの中火で2分間蒸し焼きにする。水けがなくなったらふたを外し、ごま油小さじ1を回しかけ、時々上下を返してカリッとするまで3分間ほど焼く。器に盛り、あれば酢じょうゆを添える。

ギョーザどうしがくっついていたら、無理にはがすとボロボロになるので、はがさずに焼くとよい。同じ温め直し方で、シューマイは揚げシューマイのようにカリカリになる。

焼き魚や焼き豚のように塩けとうまみがあるお総菜は、料理の味出しにもなります。私はよく、ほぐした焼き魚をスープやサラダに入れたり、きゅうりや梅干しとあえて使っています。

お総菜を温めるついでに味つけも変えてアレンジができれば、一から自分で料理をしたような気分にもなって、ちょっとした満足感も得られますよ。手づくりに負けず劣らずのひとり分ごはんを味わうコツをご覧ください。

揚げ物は
卵とじも
おすすめです

お総菜のアレンジ例

シューマイと小松菜のみそ汁

材料（1人分）

シューマイ（またはギョーザ／市販）…3～4コ（80g）

小松菜…1～2株（60g）

粉とうがらし…適宜

●みそ

200kcal | 塩分3.5g | 10分

1 小松菜は3cm長さに切り、軸と葉に分ける。

2 小鍋に水カップ1・1/2、シューマイ、小松菜の軸を入れて中火にかける。沸いたら2～3分間煮る。シューマイが温まったら小松菜の葉を加え、みそ20g（大さじ1強）を溶き入れて、火を止める。器に盛り、あれば粉とうがらしをふる。

天ぷらのチーズ焼き

材料（1人分）

さつまいもの天ぷら（市販）…2～3コ

スライスチーズ（溶けるタイプ）…1～2枚

ミニトマト…2コ

●黒こしょう（粗びき）

230kcal | 塩分0.6g | 10分

1 ミニトマトは半分に切る。スライスチーズは天ぷらにのる大きさに手で裂く。

2 表面加工のしてあるフライパンに天ぷらを入れてふたをし、中火で2分間焼く。上下を返し、1のスライスチーズをのせ、あいているところにミニトマトを切り口を下にして加える。ふたをして弱めの中火で3分間焼く。チーズがトロッとしたら器に盛り、好みで黒こしょう少々をふる。

大原千鶴　おおはら・ちづる

料理研究家。生家は京都・花脊《はなせ》の老舗料理旅館で、里山の自然に親しみながら和食の心得や美意識を育む。合理的な手法で繰り出される確かな味わいの家庭料理と、明るく親しみやすい人柄で幅広い層の支持を集めている。第3回京都和食文化賞受賞。「きょうの料理」「あてなよる」「京都人の密《ひそ》かな愉《たの》しみ」（いずれもNHK）、「キユーピー3分クッキング」（日本テレビ）など、メディア出演多数。『NHKきょうの料理　大原千鶴のおいしい冷凍レシピ』、『あてなよる　大原千鶴のおつまみ百花』（いずれもNHK出版）など、著書多数。

NHKきょうの料理

大原千鶴の
ひとり分ごはん

２０２４年６月20日　第１刷発行
２０２４年７月20日　第２刷発行

著　者　大原千鶴

発行者　江口貴之
発行所　ＮＨＫ出版
〒１５０-００４２
東京都渋谷区宇田川町10-3
電話　０５７０-００９-３２１（問い合わせ）
　　　０５７０-０００-３２１（注文）
ホームページ　https://www.nhk-book.co.jp

印刷・製本　大日本印刷

Printed in Japan
ISBN978-4-14-033331-0 C2077

デザイン　菅谷真理子（マルサンカク）
撮影　内藤貞保
スタイリング　小笠原智晴
調理アシスタント　酒井智美
栄養計算　ヘルスプランニング・ムナカタ
校正　円水社
編集　曽布川佳右、山田葉子（ＮＨＫ出版）
協力　ＮＨＫエンタープライズ近畿